CINQUANTE JOURS EN ITALIE

GEORGES BASTARD

CINQUANTE JOURS EN ITALIE

AVEC UNE PRÉFACE

PAR

H. NADAULT DE BUFFON

Se vend au profit de la
CAISSE DE RETRAITE DES HOSPITALIERS SAUVETEURS BRETONS

PARIS
E. DENTU, LIBRAIRE-ÉDITEUR
PALAIS-ROYAL, 15-17-19, GALERIE D'ORLÉANS
—
1878
TOUS DROITS RÉSERVÉS

Mon cher Collègue,

Vous me demandez une préface pour votre livre.

Une préface, quelque courte soit-elle, ne se lit guère ; c'est un motif de plus pour ne pas me faire prier.

En fondant sur votre sol la Société des Hospitaliers Sauveteurs Bretons, j'ai eu cette pensée qu'il est possible, en ce temps d'égoïsme et de désunion, de confondre dans une action commune sur le terrain neutre du devoir, du dévouement, du sacrifice et du patriotisme, non-seulement toutes les classes sociales, depuis leurs sommets jusqu'à leurs plus humbles représentants, non-seulement tous les partis politiques, mais encore toutes les généreuses inspirations de l'intelligence et du cœur.

On peut faire du sauvetage social en même temps que du sauvetage maritime.

Nous avons parmi nous des artistes, — peintres et sculpteurs, des savants, des inventeurs, des écrivains, — prosateurs et poètes, et chacun s'inspirant de notre programme s'applique à mettre son talent ou son savoir au service de la grande cause humaine.

Vous avez choisi votre part.

Vous vous êtes fait littérateur.

Vous avez parcouru l'Italie en touriste, et maintenant vous décrivez en observateur ce que vous avez vu.

Votre style familier, qui tient plus de la causerie que du récit, intéresse sans fatiguer.

Quoi que l'on ait pu écrire sur l'Italie, il restera toujours à dire.

L'Italie, terre privilégiée où l'art et la nature se donnent la main, est aussi riche et aussi féconde que l'imagination humaine. Elle offre au monde ce spectacle jusqu'ici unique d'un même sol où se sont épanouies coup sur coup deux civilisations puissantes : l'Antiquité et la Renaissance.

Rome est à elle seule un monde ; et, après que l'on a parcouru et admiré Rome moderne, il reste encore à découvrir et à étudier Rome antique.

Ce qui en est sorti de statues et de tableaux a suffi pour peupler tous les musées du monde.

Le prince Borghèse ayant un jour cédé, un peu par contrainte, à son beau-frère Napoléon, son musée des antiques, il lui suffit de faire quelques fouilles dans ses domaines pour reconstituer sa galerie.

Ce que ce coin de terre a jeté d'éclat sur le monde est inconcevable.

L'Italie, après la Grèce, — la Grèce n'a

pas eu de Renaissance, — est le foyer où se sont allumées toutes les civilisations.

Je suis allé, moi aussi, en Italie, j'ai vu, — alors, hélas ! que je pouvais encore voir, — les sites que vous décrivez ; j'en puis attester l'exactitude.

J'ai vu Florence, Venise, Naples, Rome, Pise, Milan, Vérone, Padoue, Mantoue et les vieilles cités Lombardes, je me suis arrêté aux lieux où on ne s'arrête plus, j'ai traversé les lacs, monté et descendu les Alpes et les Apennins, — où je me rencontrai même un jour, dans les Abruzzes, avec une bande en pleine insurrection contre les troupes royales.

Pie IX était à Rome avec le général de Goyon ; Garibaldi quittait Naples où Victor-Emmanuel n'était pas encore entré ; Alexandre Dumas résidait princièrement à la villa Reale.

Que d'événements dans l'intervalle !

Je ne sais ce qu'il adviendra de l'unité italienne.

Il y a des flammes qui s'éteignent lorsqu'on prétend les concentrer dans un seul foyer.

En attendant, l'Italie qui autrefois n'avait pas d'impôts, paie cher son droit de cité parmi les grands empires.

Elle construit des vaisseaux, arme et exerce des soldats ; mais au milieu du fracas des armes on n'a pas vu encore refleurir la fleur délicate de l'art.

D'un autre côté, Naples, Venise, Florence, Parme, Milan, Turin, ces capitales découronnées, se résigneront-elles toujours à ne plus être que des chefs-lieux de préfecture ou de sous-préfecture ?

Ferrare, Pise, Modène, Vérone, Bologne, Mantoue, Padoue, Ravenne sont des villes mortes depuis que la vie publique s'en est retirée.

J'étais en Italie au moment de sa transformation ; j'ai fréquenté ses hommes politiques, j'ai recueilli de leur bouche et conservé de curieuses confidences, — car, ainsi que vous, j'ai écrit mon voyage. Je n'en ai publié qu'une partie; mais à l'heure du repos, — si je dois le connaître un jour; — j'éprouverai, j'en ai le pressentiment, une sensation douce à revivre dans ce passé, en évoquant le souvenir de merveilleux sites que l'on n'oublie jamais après qu'on les a vus.

Ce plaisir, les touristes en Italie qui n'ont pas écrit leur voyage vous en seront redevables.

Publier au temps où nous sommes un *Voyage en Italie* n'est pas, je vous en ai prévenu, une entreprise sans témérité.

On voyage toujours, on voyage même beaucoup; mais on voyage en chemin de fer, la nuit, en franchissant rapidement les distances, en ne s'arrêtant que dans les villes principales ou les sites à la mode, allant d'hôtels en hôtels, de casinos en casinos, — et, lorsqu'on revient, on n'a rien *vu;* c'est à peine si on a *entrevu.*

Ils sont rares les touristes qui ne se mettent en route qu'après avoir préparé leur voyage; — ceux qui voyagent à petites journées, souvent à pied, séjournant dans des lieux inconnus, traversant vite les villes où le luxe de la vie moderne attire les ennuyés de tous les pays ; — ceux-là achèteront et liront votre livre.

Ils le liront avant de partir pour se tracer un itinéraire ; ils le reliront au retour pour rappeler leurs souvenirs et faire revivre leurs émotions.

De leur côté, les Hospitaliers Sauveteurs Bretons ne peuvent rester étrangers à la fortune de votre livre.

D'abord parce que nous nous intéressons à tout ce que font nos camarades, mais surtout parce que vous avez eu la généreuse pensée d'en verser le produit à la caisse de retraite des Sauveteurs, où puisent également leurs veuves et leurs orphelins.

Grimm rapporte que le duc de Fitz James, lisant les premiers volumes de l'*Histoire Na-*

tuelle, remarqua l'insistance avec laquelle son valet de chambre étudiait sa physionomie chaque fois qu'il refermait le livre.

— Ah ça, lui dit un jour le duc, à qui en as-tu ?

— Excusez, Monseigneur, je suis Bourguignon, et M. de Buffon nous fait tant de bien à nous autres habitants de Montbard, que nous ne pouvons rester indifférents au succès de ses ouvrages.

Le vôtre, qui représente une bonne action, excitera autour de lui les mêmes sympathies.

Puisse cette sympathie des humbles et des petits qui ne savent pas tous lire dans des livres, mais qui sont tous braves, dévoués, généreux et reconnaissants, puisse cette sympathie des honnêtes gens vous porter bonheur !

C'est sous le patronage de la Bienfaisance que vous vous présentez au public.

H. Nadault de Buffon.

Paris, Juillet 1878.

Nantes.   Imp. Vincent Forest et Émile Grimaud, place du Commerce, 4.

Mon cher Collègue,

Vous me demandez une préface pour votre livre.

Une préface, quelque courte soit-elle, ne se lit guère ; c'est un motif de plus pour ne pas me faire prier.

En fondant sur votre sol la Société des Hospitaliers Sauveteurs Bretons, j'ai eu cette pensée qu'il est possible, en ce temps d'égoïsme et de désunion, de confondre dans une action commune sur le terrain neutre du devoir, du dévouement, du sacrifice et du patriotisme, non-seulement toutes les classes sociales, depuis leurs sommets jusqu'à leurs plus humbles représentants, non-seulement tous les partis politiques, mais encore toutes les généreuses inspirations de l'intelligence et du cœur.

On peut faire du sauvetage social en même temps que du sauvetage maritime.

Nous avons parmi nous des artistes, — peintres et sculpteurs, des savants, des inventeurs, des écrivains, — prosateurs et poètes, et chacun s'inspirant de notre programme s'applique à mettre son talent ou son savoir au service de la grande cause humaine.

Vous avez choisi votre part.

Vous vous êtes fait littérateur.

Vous avez parcouru l'Italie en touriste, et maintenant vous décrivez en observateur ce que vous avez vu.

Votre style familier, qui tient plus de la causerie que du récit, intéresse sans fatiguer.

Quoi que l'on ait pu écrire sur l'Italie, il restera toujours à dire.

L'Italie, terre privilégiée où l'art et la nature se donnent la main, est aussi riche et aussi féconde que l'imagination humaine. Elle offre au monde ce spectacle jusqu'ici unique d'un même sol où se sont épanouies coup sur coup deux civilisations puissantes : l'Antiquité et la Renaissance.

Rome est à elle seule un monde; et, après que l'on a parcouru et admiré Rome moderne, il reste encore à découvrir et à étudier Rome antique.

Ce qui en est sorti de statues et de tableaux a suffi pour peupler tous les musées du monde.

Le prince Borghèse ayant un jour cédé, un peu par contrainte, à son beau-frère Napoléon, son musée des antiques, il lui suffit de faire quelques fouilles dans ses domaines pour reconstituer sa galerie.

Ce que ce coin de terre a jeté d'éclat sur le monde est inconcevable.

L'Italie, après la Grèce, — la Grèce n'a

pas eu de Renaissance, — est le foyer où se sont allumées toutes les civilisations.

Je suis allé, moi aussi, en Italie, j'ai vu, — alors, hélas ! que je pouvais encore voir, — les sites que vous décrivez ; j'en puis attester l'exactitude.

J'ai vu Florence, Venise, Naples, Rome, Pise, Milan, Vérone, Padoue, Mantoue et les vieilles cités Lombardes, je me suis arrêté aux lieux où on ne s'arrête plus, j'ai traversé les lacs, monté et descendu les Alpes et les Apennins, — où je me rencontrai même un jour, dans les Abruzzes, avec une bande en pleine insurrection contre les troupes royales.

Pie IX était à Rome avec le général de Goyon ; Garibaldi quittait Naples où Victor-Emmanuel n'était pas encore entré ; Alexandre Dumas résidait princièrement à la villa Reale.

Que d'événements dans l'intervalle !

Je ne sais ce qu'il adviendra de l'unité italienne.

Il y a des flammes qui s'éteignent lorsqu'on prétend les concentrer dans un seul foyer.

En attendant, l'Italie qui autrefois n'avait pas d'impôts, paie cher son droit de cité parmi les grands empires.

Elle construit des vaisseaux, arme et exerce des soldats; mais au milieu du fracas des armes on n'a pas vu encore refleurir la fleur délicate de l'art.

D'un autre côté, Naples, Venise, Florence, Parme, Milan, Turin, ces capitales découronnées, se résigneront-elles toujours à ne plus être que des chefs-lieux de préfecture ou de sous-préfecture ?

Ferrare, Pise, Modène, Vérone, Bologne, Mantoue, Padoue, Ravenne sont des villes mortes depuis que la vie publique s'en est retirée.

J'étais en Italie au moment de sa transformation; j'ai fréquenté ses hommes politiques, j'ai recueilli de leur bouche et conservé de curieuses confidences, — car, ainsi que vous, j'ai écrit mon voyage. Je n'en ai publié qu'une partie ; mais à l'heure du repos, — si je dois le connaître un jour, — j'éprouverai, j'en ai le pressentiment, une sensation douce à revivre dans ce passé, en évoquant le souvenir de merveilleux sites que l'on n'oublie jamais après qu'on les a vus.

Ce plaisir, les touristes en Italie qui n'ont pas écrit leur voyage vous en seront redevables.

Publier au temps où nous sommes un *Voyage en Italie* n'est pas, je vous en ai prévenu, une entreprise sans témérité.

On voyage toujours, on voyage même beaucoup ; mais on voyage en chemin de fer, la nuit, en franchissant rapidement les distances, en ne s'arrêtant que dans les villes principales ou les sites à la mode, allant d'hôtels en hôtels, de casinos en casinos, — et, lorsqu'on revient, on n'a rien *vu;* c'est à peine si on a *entrevu.*

Ils sont rares les touristes qui ne se mettent en route qu'après avoir préparé leur voyage, — ceux qui voyagent à petites journées, souvent à pied, séjournant dans des lieux inconnus, traversant vite les villes où le luxe de la vie moderne attire les ennuyés de tous les pays ; — ceux-là achèteront et liront votre livre.

Ils le liront avant de partir pour se tracer un itinéraire ; ils le reliront au retour pour rappeler leurs souvenirs et faire revivre leurs émotions.

De leur côté, les Hospitaliers Sauveteurs Bretons ne peuvent rester étrangers à la fortune de votre livre.

D'abord parce que nous nous intéressons à tout ce que font nos camarades, mais surtout parce que vous avez eu la généreuse pensée d'en verser le produit à la caisse de retraite des Sauveteurs, où puisent également leurs veuves et leurs orphelins.

Grimm rapporte que le duc de Fitz James, lisant les premiers volumes de l'*Histoire Na-*

turelle, remarqua l'insistance avec laquelle son valet de chambre étudiait sa physionomie chaque fois qu'il refermait le livre.

— Ah ça, lui dit un jour le duc, à qui en as-tu ?

— Excusez, Monseigneur, je suis Bourguignon, et M. de Buffon nous fait tant de bien à nous autres habitants de Montbard, que nous ne pouvons rester indifférents au succès de ses ouvrages.

Le vôtre, qui représente une bonne action, excitera autour de lui les mêmes sympathies.

Puisse cette sympathie des humbles et des petits qui ne savent pas tous lire dans des livres, mais qui sont tous braves, dévoués, généreux et reconnaissants, puisse cette sympathie des honnêtes gens vous porter bonheur !

C'est sous le patronage de la Bienfaisance que vous vous présentez au public.

H. NADAULT DE BUFFON.

Paris, Juillet 1878.

CHAPITRE I

CHAPITRE I

DE PARIS A MONACO

Un ciel gris, une atmosphère terne, de la neige sur tous les toits, telle était la matinée du 29 janvier 187...

Le thermomètre s'était abaissé subitement et quelques rares flâneurs se montraient sur l'asphalte.

Le froid n'a jamais eu le don de me séduire ; je marchais vite, le dos voûté et le cou enfoncé dans les épaules comme pour offrir moins de surface aux rigueurs de la saison.

Maugréant contre le bonhomme Hiver et contre toute sa cour frigide et chenue, je songeais au ciel toujours radieux du Midi; Pau, Nice, Naples, changées en corybantes, dansaient autour de moi une ronde enivrante. Soudain, un de mes amis, M. E. P..., me tira brusquement de cette douce rêverie en me frappant sur l'épaule.

— J'ai une proposition à te faire, me dit-il. Viens avec moi en Italie.

Je n'eus qu'un mot pour répondre, et... le soir même, le rapide de 7 heures 15 P.-L.-M. nous emportait vers Marseille où nous arrivions le lendemain matin, l'esprit alerte mais le corps rompu.

En effet, invariablement entassés au nombre de huit dans des compartiments de première, on est astreint à une immobilité presque complète et parfois obligé de rappeler à l'ordre un voisin somnolent qui prendrait volontiers votre épaule pour son oreiller.

Par contre, heureusement, le hasard nous avait favorisés de quelques compagnons aimables dont les bons mots ne tarissaient pas. Cette franche gaîté nous mit naturellement en humeur et la nuit nous parut fort courte.

L'un d'eux se rendait en Egypte en qualité de consul général. Il avait longtemps habité l'Algérie et il nous racontait avec une verve intarissable mille anecdotes plaisantes, entre autres celle-ci, attribuée au maréchal Pélissier, alors général, harcelé par un quidam des plus obséquieux.

De guerre lasse et pour mettre fin à ses visites trop fréquentes, à ses flagorneries insupportables, il signifia un jour à son secrétaire de l'éconduire dès qu'il se présenterait.

L'occasion ne se fit pas attendre. Celui-ci, partageant l'impatience de son chef, referma violemment la porte sur l'intrus, en le traitant de *Chinois*.

Le futur duc de Malakoff errait un soir mélancoliquement sur le boulevard de l'Impératrice, à Alger, contemplant les merveilleux tons d'un lavis bleu et rosé qui teignait les cîmes proéminentes de l'Atlas, quand il se vit tout à coup accosté par notre homme, lequel n'eut rien de plus pressé que de se plaindre de l'épithète peu flatteuse qu'il avait reçue.

Le général, le toisant alors de son air narquois, lui répondit du ton sec et mordant qui lui était familier :

— Quand on se nomme Canton, qu'on est vêtu de nankin et qu'on n'est qu'un pékin, on ne doit pas trouver étrange qu'on vous appelle Chinois.

Le malheureux Canton, honteux et confus, s'en alla les oreilles basses...

Il est près de midi lorsque nous quittons la gare

de Marseille [1] pour traverser la Cannebière, si chère aux descendants des Phocéens.

Nous visitons les ports, une forêt de mâts de navires atteste leur importance commerciale. Nous faisons une ascension à Notre-Dame-de-la-Garde, ornée à l'intérieur d'*ex-voto;* de ce piédestal naturel on plonge sur toute la ville avec ses toitures en tuiles rouges [2], et l'œil embrasse au loin le château d'If, ainsi que les îlots qui l'environnent.

Continuant notre promenade par les bains des Catalans, la route de la Corniche, le jardin Borély, les allées du Prado, nous la finissons par le Château-d'Eau, d'où surgissent d'un large vasque les puissants bœufs de la Camargue.

Le trajet de Marseille à Toulon est charmant. Les vues se multiplient comme dans un polyorama; il faut presque guetter l'instant furtif où la mer nous apparaîtra pour se dérober ensuite à nos regards, derrière des coteaux d'oliviers.

Toulon [3] est d'un aspect triste. La rade et le port sont vastes et défendus par quinze ou vingt

---

[1] Marseille fut fondée l'an 600 av. J.-C., au milieu d'une forêt épaisse, par Peranus, suivant Pompeius Trogus. — [2] Il n'en a pas toujours été ainsi, car Vitruve (1 s. av. J.-C.) dit, chap. I, liv. II : A Marseille, au lieu de tuiles, les maisons sont couvertes de terre grasse pétrie avec de la paille. — [3] *Telonis portus* anciennement, fondé au IV° siècle.

batteries pouvant converger leurs feux ; des forts dont on soupçonne le moins l'existence sont, comme des aires, perchés au sommet d'énormes rochers gris et chauves qui semblent menacer la ville.

Les bonnets rouges ou verts[1] des forçats, accouplés par un alganon, ont complètement disparu de l'intérieur de l'arsenal où on les faisait travailler sous la surveillance d'un argousin. Le bagne a été supprimé il y a cinq années environ.

A les entendre, ces galériens n'avaient jamais fait aucun mal ; ils étaient, au contraire, les plus innocents du monde, des agneaux sans tache. Je demandais à l'un de ces condamnés, lors de ma première visite, quel était le crime qui l'avait amené là.

— Oh! Monsieur, me répondit-il, une bagatelle... un rien, un méchant viol.

Pauvre victime du sort ! On te plaindra quand on en aura le temps.

En quittant Toulon, on traverse les Arcs (embranchement pour Draguignan), puis l'ancien Forum Julii[2], Fréjus, et Saint-Raphaël où Bonaparte débarqua à son retour d'Egypte, 1799, où il prit la mer pour l'île d'Elbe en 1814.

[1] Les bonnets rouges étaient pour les condamnés à perpétuité, les verts pour les autres. — [2] Ancien port de refuge de la flotte d'Auguste.

Les orangers commencent à faire place au feuillage gris et monotone des oliviers [1]. Cannes se montre souriante au milieu de ses délicieuses villas, Antibes [2] émerge au dessus des flots avec ses antiques bastions.

On franchit le pont de la Brague, qu'un torrent impétueux emporta dans sa rage... *et pontem indignatus Araxes* [3]..., ouvrant à son passage un un gouffre béant où vint se broyer de nuit, il y a quelques années, un train de voyageurs lancé à toute vitesse.

Pas un malheureux n'échappa à cette terrible catastrophe !

Nice [4] la Triomphante, s'annonce à nous par une brise tiède, embaumée de plantes odoriférantes qu'elle envoie à notre rencontre, comme pour nous séduire d'avance et nous souhaiter la bienvenue. Telles les filles de Calliope et d'Achéloüs attiraient les voyageurs par la douceur de leurs voix.

On côtoie toujours la Méditerranée au milieu de la flore tropicale, pour rencontrer Villefranche, dont la rade spacieuse et profonde offre un port

---

[1] L'olivier fut introduit à Marseille par les Phocéens avant de l'être en Italie. — [2] Autrefois Antipolis, en face de Nice, d'où son nom Ἀντι, πολις. — [3] *Enéide,* liv. VIII, vers 728. — [4] Vient du grec νίκη, victoire. Fut bâtie par les Marseillais en l'honneur de la victoire qu'ils remportèrent sur les Liguriens.

de refuge habituel à de nombreux vaisseaux de guerre de tous pavillons et principalement à l'escadre américaine.

Bientôt on aperçoit la principauté de Monaco [1] avec son palais mauresque, paraissant sortir d'une corbeille flottante de géraniums en fleurs et tranchant vivement de sa couleur blanche au dessus de ce bouquet écarlate.

La police de ce petit royaume est confiée à trente carabiniers.

La garnison est forte de soixante-dix vélites, à la tenue irréprochable bleue claire ; une mince bande rouge court le long du pantalon.

La cavalerie est absente par congé illimité. L'artillerie est momentanément représentée par des canons fleurdelysés aux armes de Louis XIV, veufs d'affûts, qui s'allongent paresseusement sur le sol monégasque.

Monte-Carlo [2] n'est séparé de sa capitale que par le faubourg de la Condamine. C'est un pro-

---

[1] Monaco vient de *Monœcus* (du grec μονος, seul). La légende raconte qu'un Hercule, vainqueur dans une lutte, éleva, en commémoration de sa victoire, un temple sur un rocher isolé, voulant être adoré seul. La baie jusqu'à Villefranche portait le nom de : *Portus Herculi Monœci,* suivant Pline et Tacite. — [2] Le Mont-Charles a été appelé ainsi en l'honneur de S. A. S. Charles III, prince souverain de Monaco, qui a beaucoup contribué à l'embellissement de Monte-Carlo.

montoire peu avancé, transformé à coups de millions en riants bosquets, coquettes villas, hôtels somptueux, casino avec salles de lecture, de concerts et de jeux, tir aux pigeons, etc., dont le gérant actuel est M. Wagatha, gendre de feu M. Blanc.

Quel séjour enchanteur ! Tout vous attire et vous tient sous le charme perpétuel dans cet Eden moderne.

De cette magnifique terrasse de l'ancien plateau des Spélugues, le regard plane librement sur un horizon sans bornes, sur une mer de cobalt dont il se plaît à suivre les courtes ondulations.

A gauche, des massifs de palmiers forment plutôt un décor de théâtre.

Accoudé sur la rampe de tuf, on resterait là des heures dans l'attitude de la contemplation, si on n'était réveillé en sursaut par les coups de feu répétés des amateurs du shooting qui s'escriment à nos pieds.

Parfois un blue-rock échappe au plomb meurtrier et on le voit randonner malicieusement au dessus de la tête de son bourreau, pour aller regagner rapidement le toit préféré du colombier.

D'autres moins heureux, mortellement atteints, s'élèvent lourdement et retombent comme une flèche en dehors de la plate-forme gazonnée, dans la mer, où des pêcheurs, l'œil au guet, s'élancent dans leur barque pour saisir leur proie.

Si, par instants, les assaillants se relâchent, on entend le bruit des flots se heurtant le long du roc inébranlable, et l'orchestre, qui lui-même se met de la partie, lance ses meilleures notes pour nous rappeler à lui.

Il n'y a pas une minute à perdre sur cette terre privilégiée !

Nous nous dirigeons alors vers la salle de concerts où des musiciens d'élite se font apprécier deux fois par jour.

Le soir, l'esprit saturé de toutes ces impressions nouvelles, on retrouve la colonie étrangère rassemblée au Restaurant de Paris.

A l'une des tables de cette luxueuse salle du restaurant où nous avions pris place, notre hilarité fut singulièrement excitée par une curieuse conversation que nous eûmes avec le garçon qui nous servait.

Par une indiscrétion bien naturelle, je m'étais enquis auprès de lui des plus grands noms qui honoraient momentanément Monaco de leur présence.

— Y a-t-il cette année, lui disais-je, parmi les étrangers, de hauts personnages, des célébrités en un mot?

— Oh! non, Monsieur. En fait de célébrités, il n'y a eu que le tir aux pigeons d'aujourd'hui.

— Et Offenbach, continuai-je, est-il ici ?

— Offenbach, Offenbach, répéta-t-il plusieurs fois, en se passant la main sur le front comme un homme qui cherche à raviver des souvenirs. Ah ! oui, Offenbach de chez Michon ; il m'a aidé tout à l'heure à servir le seize.

N'en déplaise à l'auteur de la *Belle-Hélène* d'avoir raconté ce récit humouristique, mais il m'a paru valoir la peine d'être consigné. C'est à coup sûr un homonyme que le maëstro ne se connaissait pas, lui cependant, l'hôte assidu de Monte Carl', le familier de ce coin béni du soleil.

La journée ne pouvait mieux finir. C'était le bouquet de ce feu roulant de l'imprévu merveilleux qui naissait pour nous depuis le matin, comme sous la baguette du Prince Caprice dans une féerie véritable au Châtelet.

Nous quittons l'Hôtel de Paris pour aller faire nos adieux à dame Roulette et atteindre Menton [1] en voiture par la route de la Turbie.

De temps à autre, le souffle léger nous apporte par bouffées une jolie valse de Strauss ou une sérénade de Beethoven que nous envoie l'orchestre du casino.

[1] *Lumone,* en latin.

Le démon tentateur veut nous retenir encore par ses sons mélodieux ou nous faire une conduite aimable.

Puis, plus rien ; « l'air se tait, le vent meurt, le flot dort » ; nos éclats de rire seuls, en pensant au Vatel de chez Michon, rompent le silence de la nuit.

Nous arrivons à la dernière ville française, mieux abritée que ses sœurs du littoral, et partant, plus recherchée des malades pour la sérénité de son climat.

Demain nous ne ferons que la traverser dans une *vigilante*, afin de gagner la première bourgade italienne et de prendre le chemin de fer pour Gênes.

CHAPITRE II

CHAPITRE II

LA CORNICHE. VINTIMILLE ET LA RIVIÈRE DU PONENT. — GÊNES ; ses rues, son port, ses palais et ses églises. Le cimetière de Stagliéno. La villa Pallavicini.

Nous venons de franchir le pont Saint-Louis et de faire halte, pour subir les formalités officielles de la douane italienne, qui, je me plais à le constater en passant, ne se montre pas trop exigeante. Quelques questions faites sur le contenu de nos valises et.... fouette, cocher ! nous voilà en plein territoire *intémélien,* suivant les contours pittoresques de la Corniche, taillée sur le flanc des ramifications des Alpes.

D'un côté, de hautes murailles où se voient encore les traces des coups de pioche qui ont mis à découvert des gisements de galets stratifiés, ainsi que des traînées noires de mine qu'il a fallu faire jouer pour élargir cette route trop angustiée.

De l'autre, des précipices à pic et, au fond de ces abîmes, des rochers crevassés que la vague vient perpétuellement couvrir de ses baisers humides.

Au loin, sur la Méditerranée, vraie nappe d'azur, un gros bateau à vapeur avec son panache de fumée ondoyant au vent, avance péniblement sous les efforts répétés et saccadés de sa machine impuissante ; ses aubes, s'enfonçant lentement dans la mer bleue, la soulèvent, pour la rejeter en arrière en pluie d'argent.

Sur le parcours quelques bambins, aux jambes nues, à la figure mièvre et éveillée, courent après nous en jetant dans la voiture des petits bouquets de fleurs fanées et en nous tendant leurs jeunes mains ; nous leur renvoyons des sous.

Nous sommes déjà entrés dans Vintimille [1] et ses maisons vont nous dérober la vue de cette carcasse

---

[1] *Albium Intemelium* autrefois, colonie ligurienne, où l'on vient de faire de récentes découvertes de monuments anciens. La ligne du chemin de fer entre Menton et Vintimille a été livrée à la circulation le 18 mars 1872.

à charbon qui se dirige, elle aussi, vers Gênes. Encore un instant et nous ne la reverrons plus, car nous allons directement à la gare pour prendre nos tickets.

Rien à noter au passage, si ce n'est une inscription peinte au dessus d'un bureau de tabacs, qui a longtemps piqué notre curiosité : « *Sale e Tabacchi.* » Plus tard, nous avons appris que les marchands de tabacs étaient dépositaires du sel et que la vente était un privilége du gouvernement.

Cette enseigne m'en met une autre en mémoire que j'ai lue, il y a quelques mois, dans un gros bourg bâti sur les confins de la Bretagne et de la Normandie :

PARAPLUIES ET JOURNAUX.

Voilà une presse bien abritée ! heureux folliculaires !

De là jusqu'à la cité des Grimaldi, la voie ferrée se poursuit, tantôt calquant les moindres échancrures que forme le rivage, tantôt s'enfonçant profondément dans la chaîne des Apennins, au milieu des palmiers, des citronniers, des orangers, des caroubiers et des aloës.

C'est à travers cette riante végétation que nous apercevons successivement les quelques vestiges de monuments romains de : San-Remo [1], Porto-Maurizio, Albenga [2] et Savone [3]. Ce littoral prend le nom de Rivière du Ponent.

Arrivés à destination, nous descendons du vagon et, sous une galerie vitrée qui met à couvert à la sortie de la gare les voyageurs et les flacres, nous nous voyons assaillis par une tourbe de mendiants. Cette attaque honorablement repoussée, nous traversons à pied la place de l'Acquà Verde, à la recherche de notre hôtel, pas très-éloigné, nous a-t-on assuré.

Dans notre précipitation nous nous heurtons contre une des gloires de Gênes : Christophe Colomb [4], enfant dont elle est fière et à qui elle a élevé, sur le tard, une statue en marbre de Carrare ; ses cendres reposent à la Havane depuis 1795.

Genova [5] *la Superba* est adossée à une montagne et bâtie en amphithéâtre ; chaque maison s'étage comme les gradins d'une arène. Quatre princi-

---

[1] A le monopole depuis trois siècles des palmes de rameaux, qu'elle envoie chaque année à Rome ; cette faveur date de Sixte-Quint. — [2] *Ingaunum* anciennement. — [3] C'est de là que vient le nom du savon. Ancienne *Sabata* des Romains. — [4] Ch. Colomb naquit dans le Génovésat en 1436 et mourut en Espagne le 20 mai 1506. — [5] Anciennement *Genua*, à cause de sa courbure : γονυ, genou. Fut fondée l'an 707 av. J.-C. par les Liguriens, détruite par les Carthaginois, rebâtie par les Romains. Les Ligures se répandirent en Italie vers 1400 av. J.-C.

pales voies : Strada Balbi, Nuovissimà, Nuovà, Carlo Alberto la coupent de l'ouest à l'est. De ces énormes artères descendent perpendiculairement une infinité de rues, étroites et voûtées pour la plupart, semblables à celle du vieil Alger, que ne réchauffe jamais un rayon de soleil.

Le port est naturel mais fermé par d'immenses môles construits par la main des hommes, s'avançant dans la mer comme deux bras hardis pour retenir sous leur protection une multitude de caboteurs et de long-courriers, ainsi que des steamers faisant un service régulier avec tous les points du vaste bassin méditerranéen ; au moment où nous l'avons vu, il ne contenait pas moins de quinze de ces grands vapeurs, alignés, prêts à fendre l'onde amère.

Sa forme est un hémicycle et son importance commerciale le met au premier rang dans la Péninsule.

Le filigrane est une industrie lucrative pour les habitants, et les bijoutiers sont aussi nombreux ici, dans certains quartiers, que sous les arcades au bout de la rue Vivienne. Ces bibelots d'or et d'argent se montrent sous toutes les formes : croix, chaînettes, boutons, épingles à cheveux que les Génoises se piquent coquettement dans leur opulente chevelure, pour retenir une sorte de mantille qui retombe négligemment sur leurs épaules jusqu'à la taille ; ce voile s'appelle *pezzoto* quand il est de mousseline blanche et légère. Le *mezzaro* ou mieux *mezzou* (tous ces mots sont du dialecte génois) est tout à fait local ; il est de cotonnade épaisse, fond blanc imprimé d'une branche d'arbre rouge avec de petits oiseaux en couleurs qui se tiennent sur les ramilles. Les femmes du peuple ne s'en affublent que pendant la saison hivernale.

Une double ceinture de fortifications entoure la ville et semble vouloir protéger les nombreux palais du XVI° siècle qui bordent les rues Balbi, Nuovissimà et Nuovà.

Tout est marbre jusqu'aux soubassements ; leur superbe architecture est due à l'illustre artiste de Pérouse : Galeazzo Alessi (1500-1572).

Leurs façades, belles et imposantes, ne répondent encore pas aux richesses artistiques qu'elles recèlent ; ce sont :

Le palais Ducal, piazzà Nuovà, qui fut la résidence du premier doge, Simone Boccanera (XIV° siècle).

Le palais Doria, situé sur le port et près de la place de l'Acquà Verde, fut construit par Montorsoli ou plutôt embelli par lui. Napoléon Ier l'occupait en 1805, et de ses fenêtres, il assistait à la *regata* donnée en son honneur, aux fêtes resplendissantes organisées sur l'eau. Bazaine l'habitait en 1859 ; dans les mêmes temps, le général Forey était logé au palais Durazzo et le maréchal Baraguey-d'Hilliers au Palazzo Reale.

On peut encore signaler : le Palazzo Rosso (palais Rouge), les palais Grimaldi, Pallavicini, Spinola, Balbi, ces deux derniers enrichis d'œuvres de Puget [1] ; enfin, le palais Cataneo, orné de fresques magnifiques par J.-B. Castello [2].

On a dit avec raison que tous les rois de la terre ne suffiraient pas pour habiter les palais de Gênes. Ce luxe a fait bien des envieux et des imitateurs.

Un grand nombre de maisons ordinaires sont illustrées et portent peintes, sur leurs croûtes de chaux, des images de saints, des bacchantes et même des palais en miniature, fond rose avec persiennes vertes à travers lesquelles s'épanouit une figure vermillonnée.

Quel moyen simple et ingénieux ! Eh quoi ! vous ne pouvez imiter votre voisin faute d'argent pour avoir comme lui un palais somptueux, vous courez chez le badigeonneur du coin et vous le chargez de vous en peinturlurer un à votre goût.

La famille Sauli a donné à Gênes Santa Maria di Carignano, édifiée par le grand Alessi, à qui on

---

[1] Né à Marseille (1622-1694). — [2] Né à Bergame (1509-1579).

attribue également la coupole de la cathédrale Saint-Laurent. Deux statues de Puget décorent l'intérieur.

De cette église on jouit du plus beau panorama de la ville. Tout près, se trouve le pont Carignan, très-recherché des dégoûtés de la vie, à cause de sa grande élévation.

On a pensé détourner les moins braves de leur criminelle intention de se tuer, par une croix, rouge sang de bœuf, tracée sur le parapet à l'endroit le plus propice à leur fatal projet.

L'église Saint-Ambroise est due à la magnificence d'un Pallavicini et l'Annunziatà à celle d'un Lomellini, souverain de l'île de Tabarca ; de magnifiques colonnes en marbre rosé soutiennent les voûtes, qui elles-mêmes sont recouvertes à profusion de dorure et de peinture. Ce dédale de splendeurs est l'œuvre, nous certifie le custode, de deux peintres qui, ayant assassiné un rival, y vinrent demander asile et protection.

Gênes est encore remplie des œuvres des Borzoni [1], des Carlone [2], Scamozzi [3], Castiglione dit le Benedetto [4].

Le célèbre violoniste Paganini [5] repose à la villa Gajona.

---

[1] Famille de peintres célèbres des XVI° et XVII° siècles. — [2] Jean Carlone, né à Gênes, peintre (1590-1630). — [3] Vincenzo Scamozzi, né à Vicence (1552-1616), célèbre architecte. — [4] Né à Gênes (1616-1670). — [5] Né à Gênes (1784-1840).

Après avoir admiré les temples, nous sommes naturellement conduits à rendre visite au Campo Santo. Les cimetières de l'Italie ressemblent à ceux d'Espagne, mais ils diffèrent complètement des nôtres.

Point de cyprès funèbres et de tombeaux multiformes symétriquement alignés. De vastes couloirs à arcades et dallés reçoivent dans l'épaisseur de leur muraille les dépouilles mortelles ; des épitaphes, des pleureuses agenouillées, des statues emblématiques du travail le plus fin, des portraits les mieux fouillés indiquent chaque sépulture.

Une très-belle chapelle avec d'imposantes colonnades monolithes en marbre noir complète le champ de repos de Stagliéno. Les pauvres sont inhumés dans un terre-plein, sorte de patio.

En revenant par la porte Pila nous passons devant un monument plus gai d'aspect et de nom : le théâtre Carlo Felice.

A Pegli, un des faubourgs, rien n'est plus curieux que de visiter la charmante villa Pallavicini.

Ce sont des allées ombreuses conduisant à des trianons, des pelouses où serpentent de clairs ruisseaux qui se transforment en cascades bruissantes et qui finissent en torrents écumeux, des nymphées fraîches tapissées de statues, ornées d'obélisques, d'immenses grottes avec des stalactites pointues et menaçantes qui ressemblent à autant d'épées de Damoclès, suspendues au dessus de nos têtes.

Au bout de ces souterrains on trouve une barquette élégante, pour se promener dans une suite de canaux sans fin.

Après des détours sans nombre, on débouche tout à coup sur un lac dont les eaux semblent se confondre avec la mer, la fée Ondine s'unir à Neptune.

L'effet est superbe, l'illusion complète, malgré les milliers de mètres qui les séparent.

Un peu éblouis à la sortie de ce labyrinthe immergé, nous mettons le pied sur la terre ferme, tout émerveillés de la végétation ardente qui nous entoure. Mon compagnon s'avance machinalement vers un buisson magnifique, une fusée d'eau lui arrive en plein visage; moi-même, entrant sans défiance sous un bosquet fleuri, je reçois d'en haut une pluie fine qui m'inonde. Nous voulons fuir et franchir un pont qui nous sauvera, mais nous nous voyons pris de tous côtés au milieu d'un feu croisé humide. Il nous reste à demander grâce à l'auteur de tant de méfaits, à notre cicérone lui-même, qui exerce impunément ces innocentes plaisanteries sur les visiteurs bien disposés, en pressant du doigt un robinet adroitement dissimulé dans des maquis de myrtes. Nous sortons de cette villa, mouillés comme des caniches, nous consolant facilement toutefois de ces douches gratuites par leur originale nouveauté.

Avant de quitter la ville des Ligures, nous entrons chez un *cambio valute*, qui, en échange de notre argent français, nous remet la contre-valeur en un gros volume de petits billets, sales et jaunis par l'usage.

Avec le profit des huit pour cent, retirés de ce trafic monétaire obligatoire, nous payons en entier des billets circulaires valables pendant *cinquante jours*.

A peine sommes-nous assis, que le sifflet de la locomotive se fait entendre, en réponse au *Partenzà* sacramentel, et nous commençons à rouler vers une autre cité.

Aucun changement à remarquer dans l'aménagement des wagons, mais une grande lenteur à constater dans la marche des trains.

Deux heures de chemin de fer à travers les Apennins [1], aux sommets blancs de neige, nous séparaient d'Alexandrie [2] et de Plaisance [3]; celle-ci, quoique entourée de plaines fertiles et

---

[1] La chaîne des Apennins commence à Savone. — [2] Alexandrie fut fondée au XII siècle. — [3] Plaisance fut bâtie par les Anamans.

bien cultivées, ne paraît pas justifier le nom qu'elle porte.

Voilà bien les voyages : partir et arriver. Toujours à la recherche de l'inconnu sans jamais cesser de vivre de souvenirs ; quels charmes infinis !

CHAPITRE III

CHAPITRE III

BOLOGNE ; la place Majeure, la fontaine de Neptune, les tours d'Asinelli et de Garisendi, la Montagnola, la Certosà. — LA ROUTE DES APENNINS.

Nous arrivons à Bologne après avoir parcouru la province de l'Émilie : Parme, Reggio (*Rhegium Lepidi*) [1], Modène (*Mutine*) ; toutes villes d'origine étrusque.

Reggio, patrie du général Cialdini, duc de Gaëte, ambassadeur d'Italie à Paris.

[1] Reggio : patrie de l'Arioste, né le 8 septembre 1474, mort en 1533.

Bolonia [1], fortifiée par des murs en briques, présente la forme d'un hexagone irrégulier. Il y règne une certaine animation, quoi qu'on en dise; ses rues sont propres, bien pavées et bordées de longues arcades qui préservent les piétons et des intempéries et des voitures.

Le grand centre est la piazzà Maggiore et tout autour se rangent: la basilique S. Petronio (XIVe s.), le palais del Podestà, le palazzo del Governo, dans une salle duquel (salle Farnèse) Bonaparte reçut acte de soumission de la part des gonfaloniers et sénateurs de la ville (juin 1796).

On remarque, au centre de ce quadrilatère, la curieuse fontaine de Neptune, dont les figures et les ornements en bronze sont de Jean Bologne [2] (1564); aux quatre angles, des sirènes se pressent les seins pour en faire jaillir l'eau. A deux pas de là, se dressent la statue en bronze d'un pape et celle de la Vierge.

Singulier rapprochement! Du reste, nous reverrons partout en Italie le profane mêlé aux choses saintes. C'est le pays des contrastes et des antithèses. Le brigand ne cache-t-il pas dans sa ceinture un christ à côté d'un poignard? L'assassin ne

---

[1] Bologne fut primitivement fondée par les Etrusques sous le nom de *Felsina*; plus tard, les Boïens lui donnèrent le leur. — [2] Jean Bologne est né à Douai (1524-1608.)

va-t-il pas s'agenouiller devant la madone quelques heures avant la perpétration de son crime ?

Non loin de cette place s'élèvent les deux tours jumelles d'Asinelli et de Garisendi, carrées et construites en briques, penchées comme celle de Pise. Elles datent du XIIe siècle; elles ont conservé les noms des familles qui les ont fait bâtir.

Au nord de la ville s'étendent les jardins de la *Montagnola*, qui n'étaient en 1797 qu'un vaste terrain inculte où les troupes polonaises vinrent se ranger, pour être passées en revue par leur général, Dombrowski.

Nous montons dans un *brougham* et nous nous faisons conduire, hors les murs, au célèbre cimetière de la *Certosà* (Chartreuse). Les fresques sont de Louis Carrache [1] et de Bartolomeo Cesi [2]; mais ce qui nous frappe entre tout, c'est le tombeau de la comtesse Pepoli [3], surmonté de la statue en marbre blanc et en pied du roi Joachim Murat, son père, en costume d'officier des Guides.

Cet admirable chef-d'œuvre a, dit-on, pour auteur le même qui a fait la statue de Napoléon Ier, à l'Exposition de 1867.

---

[1] Louis Carrache, célèbre peintre né à Bologne (1555-1619); les deux autres Carrache sont nés aussi à Bologne. — [2] Bartolomeo Cesi, peintre bolonais (1557-1629). — [3] Sœur de Lucien Murat, qui vient de mourir à Paris à l'âge de 75 ans (10 avril 1878); il était né à Milan et il avait épousé Mlle Fraser.

En quittant Bologne la Grasse, patrie des mortadelles, nous passons de nouveau les Apennins, longeant et traversant souventes fois le cours sinueux du Reno.

Nous escaladons de nombreux ponts et après avoir franchi près de vingt-cinq tunnels, en nous élevant à une altitude de plus de six cents mètres, à Pracchia, nous redescendons une pente vertigineuse avec une vitesse effrayante que peuvent à peine refréner deux locomotives de conditions toutes spéciales.

Dans cette descente rapide, les vues se succèdent comme devant les décors multiples d'une féerie.

On a encore à franchir autant de tunnels, autant de viaducs jetés sur des précipices. De petits points blancs, échelonnés en bas, sont autant de gares auxquelles nous allons arriver par de capricieuses évolutions, par des zigzags ininterrompus, et voir ensuite se dérouler à nos yeux ravis l'immense plaine de la Toscane. C'est saisissant de beauté !

Un charmant officier de cavalerie, un vrai gentleman italien, à qui toutes les finesses de la langue française n'étaient pas étrangères, nous préparait à ces incessants tableaux de paysage.

Il nous montrait du doigt Pistoja, qui s'étale amoureusement au milieu de la vallée de l'Ombrone, et, dans le lointain, la ville des Médicis s'estompant dans le brouillard épais du matin.

Le pays produit de la vigne, dont les plants flexibles filent dans des arbres plantés ad hoc et s'enguirlandent de l'un à l'autre en lianes légères ; mais le vin qu'elle fournit est tellement susceptible, qu'on ne peut l'exporter à des distances, même très-courtes. Il est contenu dans des bouteilles clissées, à long goulot très-étroit, non bouchées, et offert, à toutes les stations, avec un soin naturellement extrême ; il est si *fragile!*

CHAPITRE IV

CHAPITRE IV

FLORENCE ; premières impressions. La Piazzà dellà Signorià, Palazzo Vecchio, Loggià dei Lanzi, les Uffizi. Le Musée égyptien. La Cathédrale et la place du Dôme, le Baptistère, la chapelle des Médicis. Santa-Croce (Panthéon florentin), la maison de Michel-Ange. Les Palais; palais Pitti. San-Miniato. Origine de Florence, le ponte Vecchio et les quais de l'Arno, les Cascine. Théâtres. — LES MARCHES.

A travers des rues courtes et tortueuses mais pavées en larges dalles polygonales, le cocher qui nous mène a bien vite fait franchir au trot de ses chevaux la distance qui sépare la gare de l'hôtel *del Norde;* quelques minutes plus tard, après avoir réparé à la hâte les désordres d'une toilette matinale, nous étions assis à table d'hôte, en face de deux voyageurs des plus affables.

Des mots insignifiants s'échangent d'abord de part et d'autre, comme entre gens aimables, la conversation s'engage, devient plus animée et leurs récits pleins de verve finissent par nous intéresser vivement. Ils nous énumèrent complaisamment toutes les merveilles de cette cité étrusque, que nous n'avons pu voir à la dérobée, mais qui, dans une heure, nous seront révélées en partie.

D'autres surprises, ajoutent-ils, plus belles que celles qui vous attendent ici, vous sont réservées encore à Rome, à Naples, à Venise et dans chaque ville de l'Italie, qui diffèrent toutes entre elles, sans avoir rien à s'envier réciproquement. Chacune a son épopée.

Ce qui a défilé sous nos yeux jusqu'ici n'est alors qu'un prélude, nous dîmes-nous, un avant-goût que nous avons pris et la préface de ce grand livre du monde que nous avons ouvert, où son histoire est écrite en lettres flambantes et chaque feuillet marqué du sceau infrangible de l'éternité.

Mon enthousiasme augmente de plus en plus. Ces trois noms impérissables viennent de frapper nos oreilles d'une façon étrange et agréable à la fois. Ces villes que, depuis mon enfance, j'avais toujours entrevues dans une vision cyclique et mystérieuse existent donc bien réellement? Je pourrai les voir et les parcourir en tous sens, visiter leurs monuments auxquels se rattachent tant de souvenirs antiques?

Ma joie est à son comble! Toutes ces beautés que mon esprit anxieux n'avaient jamais rêvées me font aujourd'hui l'effet d'un mirage.

L'un de ces gentlemen ardents et passionnés pour les voyages, Mr G. M., est d'une trentaine d'années environ et habite un des grands ports de l'extrême nord de la France; l'autre, Mr Sch...., d'âge plus mûr, Hollandais d'origine, a déjà fait plusieurs fois le tour de l'Europe, est allé en Amérique, a pénétré au centre de l'Afrique, parcouru vingt fois l'Italie, est descendu dans le cratère du Vésuve, que sais-je? Rien ne peut l'arrêter.

Il court le monde et ne séjourne à La Haye, sa patrie, au milieu des siens, que quinze jours sur trois cent soixante-cinq, repartant invariablement chaque année, le quinzième au soir. C'est mathématique; les années bissextiles ne changent point ses habitudes.

Nous revenons ici, nous racontent-ils, après trois mois passés dans le Latium et autant dans la Campanie.

Florence a pour nous une attraction irrésistible;

nous ne pouvons nous arracher à ses indescriptibles charmes. A part les richesses monumentales et artistiques qu'elle offre à l'archéologue et au touriste, ardez les habitants.

Le peuple est au moins poli et empreint d'un rare cachet d'honnêteté, la bourgeoisie a un air d'aristocratie qui ne lui messied pas, la noblesse est d'une fierté sans morgue.

Trouvez-vous que les femmes soient au dessous de leur réputation de beauté? non de cette beauté sculpturale et de ces traits classiques, entendons-nous, mais de cette fraîcheur et de cette élégance, de cette juvénilité qui personnifient la femme aimable et séduisante.

Eh! quoi de plus italien que Florence?

Avant que nous ayons pu leur répondre, ils appuient de nouveau leur opinion par quelques mots mieux accentués. Nous leur promettons bien de leur donner notre appréciation, mais après plus ample connaissance, et, bourrés de renseignements précieux, nous commençons notre exploration par la rue Porta Rossa.

> Après avoir pris à droite,
> A gauche tu *trouveras*,

au fond de la place dellà Signorià, un monument austère, comme l'indique le nom, *palazzo Vecchio,* commencé par Arnolfo di Lapo [1], restauré par Michelozzo Michelozzi [2], agrandi par Vasari [3] en 1533, sur les ordres du premier grand-duc de Toscane.

On voit, d'un côté, le fameux David [4] en marbre, de Michel-Ange, entièrement terminé le 8 septembre 1504, suivant le dire de Vasari, son élève; et de l'autre, comme pendant, l'Hercule et Cacus de Baccio Bandinelli [5].

La première salle, en entrant, est enrichie d'arabesques et supportée par de superbes colonnades. Autant le prostyle est sévère, autant l'intérieur est gai et enluminé.

A gauche du palais, sur la place, on remarque la fontaine de Neptune, d'Ammanati (XVIe siècle), et la statue équestre de Cosme Ier, par Jean de Bologne.

Sur le côté méridional et sous les portiques de la Loggia dei Lanzi, commencée par Andreà Orcagnà [6], se dressent, entre autres chefs-d'œuvre de sculpture : Persée coupant la tête de Méduse, du

---

[1] Arnolfo, architecte et sculpteur, né à Rome (1232-1300). — [2] Michelozzi, architecte et sculpteur florentin du XVe s. — [3] Giorgio Vasari, peintre, architecte et écrivain (1512-1574). — [4] D'un bloc de marbre dont les autres ne pouvaient rien tirer, il commença son *David*, sur la place du Dôme, le 16 août 1501, lequel fut transporté et placé où il est, le 8 juin 1504. — [5] Bandinelli, sculpteur, né à Florence (1487-1559). — [6] Orcagnà, peintre, sculpteur et architecte de Florence (1329-1389).

célèbre sculpteur Benvenuto Cellini [1]; Judith et Holopherne, par Donato Donatello [2]; le Polyxène, de Fedi [3]; l'Hercule tuant un Centaure, l'Enlèvement de la Sabine, groupe composé de trois personnages taillés dans un même bloc de marbre, par Jean Bologne.

Tout près se trouve le palais des Uffizi, élevé par Vasari et destiné, suivant l'histoire, par Cosme Ier [4] à réunir divers ordres de magistrats. Son fils, François de Médicis, le convertit en la galerie actuelle.

Elle renferme aujourd'hui les plus belles toiles des plus grands maîtres. Un molosse solitaire en garde l'entrée; ce sanglier de granit est dû au ciseau de Phidias [5].

Plusieurs salles réunies contiennent les bustes de tous les hommes et femmes illustres, montés sur des fûts de colonne et rangés en ligne de bataille par ordre chronologique, depuis Pompée. C'est une véritable revue d'empereurs romains et de matrones impériales que nous passons en plein

---

[1] Cellini, célèbre sculpteur, graveur et orfèvre de Florence (1500-1571). — [2] Donatello, sculpteur et architecte de Florence, qui a beaucoup produit (1386-1466). — [3] Fedi, sculpteur moderne. — [4] Cosme Ier, premier grand-duc de Toscane (1519-1574). Les Médicis remontent au gonfalonier Evrard (XIVe siècle), qui avait acquis une grande richesse dans le commerce des draps. Les lettres de change ne commencèrent à être connues qu'à cette époque, vers 1350. La Toscane passa de république aux mains des Médicis, puis sous la puissance des Autrichiens et sous celle des Français. — [5] Phidias naquit en Attique (498-431).

XIXᵉ siècle; ce qui, au surplus, a l'avantage incontestable de nous remettre en mémoire cette histoire des temps anciens, quelque peu oubliée depuis notre sortie du collége.

Après ce froid défilé, entre une double haie de visages de marbre, une porte nous donne accès dans de nombreuses galeries de tableaux, que nous visitons d'un bout à l'autre, je dois le dire, avec une attention scrupuleuse, mais que je renonce à décrire ; mon esquisse monotone et décolorée ne serait qu'un pâle reflet de la réalité. Il faudrait une plume plus habile que la mienne, et des connaissances moins restreintes en dessin et en peinture pour écrêmer ce qu'il y a d'admirable.

Consultez donc le guide dont vous vous êtes munis, chers lecteurs; j'y ai moi-même recours pour donner au hasard quelques noms illustres :

Luca Signorelli [1], Botticelli [2], Granacci [3], André del Sarto [4], Rubens [5], le Baroche [6], le Bronzin [7],

---

[1] Dit Luc de Cortone, peintre florentin, né à Cortone (1441-1524), ami de Michel-Ange. — [2] Botticelli (Alessandro Filippi, dit Sandro), né à Florence (1447-1515), prit le nom d'un orfèvre où il était en apprentissage. — [3] Granacci (François), né à Florence (1477-1544), ami intime de Michel-Ange; on cite de lui le tableau de *Putiphar et Joseph*, aux Uffizi. — [4] Sarto (André Vanucci, del), peintre, fils d'un tailleur, d'où son surnom, naquit à Florence (1488-1530). — [5] Rubens (Pierre-Paul), né dans la province de Nassau (1577-1640), resta 8 ans 1/2 en Italie. — [6] Le Baroche (Barocci, Fiori Federigo, dit), né à Urbin (1528-1612). — [7] Le Bronzin (Allori), né à Florence (1535-1607).

3.

le Guide [1] les Carrache, Jules Romain [2], le Guerchin [3], le Parmesan [4], le Caravage [5], Van Dyck [6], Fontana [7], l'Albane [8], Paul Véronèse [9], le Titien [10], le Tintoret [11], le Giorgion [12], Vanloo [13], les Lippi [14], Claude Lorrain [15], Cerquozzi [16], Salvator Rosa [17], Lanfranc [18], Schidone [19], le Pontorme [20], Cigoli [21], le

[1] Le Guide (Guido-Reni, dit), né à Bologne (1575-1642). — [2] Giulio Pippi, dit Jules Romain, né à Rome (1492-1546), peintre, architecte et ingénieur. — [3] Gian-Francesco Barbiéri (Guercino, dit le Louche), né près de Bologne (1590-1666). — [4] Mazzuoli, né à Parme (1503-1540), peintre célèbre, découvrit la gravure à l'eau forte. — [5] Polidoro Caldara, né à Caravagio (Milanais), 1495-1543, très-habile dans les fresques, genre « Sgraffito ». — [6] Antoine Van Dyck, né à Anvers (1599-1641), vint en Italie vers l'an 1621. — [7] Prosper Fontana, peintre, né à Bologne (1512-1576); les autres Fontana ont été architectes. — [8] François Albani, dit l'Albane, célèbre peintre, né à Bologne (1578-1660), a enrichi de ses œuvres sa ville natale. — [9] Paolo Caliari, dit Paul Véronèse, né à Vérone, d'où son nom (1528-1588).—
[10] Tiziano Vecellio, dit le, né à Piève di Cadore (Vénétie), 1477-1576, repose à Venise, dans l'église S.-M. Gloriosa. — [11] Jacopo Robusti, né à Venise, fils d'un teinturier, d'où son nom le tintoret (1512-1594). — [12] George Barbarelli, dit le Giorgion (le grand Georges, à cause de sa taille), peintre vénitien (1477-1511). —
[13] Jean-Baptiste Vanloo, né à Aix, en Provence (1684-1745). —
[14] Peintres des XV° et XVI° siècles; l'un d'eux a publié des illustrations pour le poëme du Dante. — [15] Claude Gelée, dit le Lorrain, peintre célèbre, né en Lorraine (1600-1682).— [16] Michel-Ange Cerquozzi, né à Florence (1600-1660). — [17] Salvator Rosa, célèbre peintre, graveur, poète et musicien, né à Naples (1615-1673). —
[18] Lanfranc, né à Parme (1581-1607). — [19] Barthélemi Schidone, né à Modane (1560-1616). — [20] Jacopo Carrucci, dit, il Pontormo, né à Pontormo (Toscane) (1493-1556). — [21] Louis Cardi, dit Cigoli, né à Cigoli (Toscane), peintre et architecte (1559-1613).

Pérugin [1], Ciro Ferri [2], les Allori [3], Stradan [4], Stephano [5], Léonard de Vinci [6], Raphaël [7], le Ghirlandajo [8], avec son illustre élève Michel-Ange de Buonarotti [9], *l'homme aux quatre âmes,* comme l'appelle Pindemonte [10] ; peintre, architecte, poète et sculpteur.

Imagination vive, pinceau hardi, style sublime, telles sont les trois qualités principales de Michel-Ange en particulier et de l'Ecole Florentine en général.

Dans une des salles, on remarque le célèbre

[1] Piétro Vannucci, dit le Pérugin, né à Pérouse (1446-1524. —
[2] Ciro Ferri, peintre et architecte, né à Rome (1634-1689). —
[3] Peintres florentins du XVIIe siècle. — [4] Jean Stradan, né à Bruges 1530, mort à Florence 1604. — [5] Stephano, né à Florence (1301-1350). — [6] De Vinci, né en Toscane (1452-1519), peintre célèbre, sculpteur, architecte, physicien, ingénieur, écrivain et bon musicien. Vint en France après sa joute avec Michel-Ange à propos des fameux cartons de Pise. — [7] Raphaël Sanzio, né à Urbin (1483-1520), le plus grand des peintres modernes, habile architecte. Ses fameux cartons sont à Londres, à Southkensington-Museum, Brompton road ; ces cartons, au nombre de sept, ont été retirés d'Hampton-Court où ils étaient avant. Ce fut Cromwell qui en ordonna l'acquisition. Le pape Léon X les avait fait faire dans le but d'orner les murs du presbytère de la chapelle Sixtine ; ils furent exécutés en deux ans, de 1514 à 1515. — [8] Dominique Corrodi, dit le Ghirlandajo, élève de Baldovinetti, né à Florence (1451-1495). Son nom lui vient de ce que son père, orfèvre, inventa comme bijoux, des guirlandes pour les jeunes filles. — [9] Michel-Ange, né près d'Arezzo (1474-1563), au château de Caprèse; il apprit l'anatomie et disséqua lui-même pour rendre ses statues plus naturelles. —
[10] Famille de littérateurs et poètes, XVIIIe siècle.

groupe de *Niobé*, de Praxitèle [1] ou Scopas [2], découvert à Rome en 1583, près la porte Saint-Paul.

On trouve la *Vénus de Médicis* dans la salle dite de la « Tribune [3] », au milieu de peintres fameux ; elle ne saurait être en meilleure compagnie. Cette statue, en marbre blanc, est attribuée, par Visconti, à Cléomène [4], fils d'Apollodore [5] d'Athènes.

Trouvée à la villa Adriana, près de Tivoli, elle fut apportée à Florence vers 1680, sous Cosme III [6], et restaurée par le Bernin [7].

Nous sortons de là après quatre heures passées dans l'extase devant ces richesses, et tant d'autres : le vase de Médicis, l'Hermaphrodite, les bas-reliefs de Lucca della Robbia, le cabinet des gemmes, une collection d'anaglyptes, de fins vases étrusques, etc.

---

[1] Né à Athènes (360-280) ; le plus célèbre sculpteur de l'antiquité, après Phidias. — [2] Né à Paros, 460 av. Jésus-Christ ; célèbre sculpteur et architecte. — [3] Elle fut construite par Bernardo Buontalenti, peintre, sculpteur et architecte, qui naquit à Florence (1536-1608). — [4] Sculpteur athénien au IIIe siècle av. J.-C. — [5] Apollodore, nom qui vient de deux mots grecs : Απολλων, Apollon, et δωρον, présent. — [6] Cosme III (1670-1723), épousa en 1661 Marguerite-Louise d'Orléans, nièce de Louis XIV. — [7] Bernini (Giovanni-Lorenzo), dit le Cavalier Bernin, naquit à Naples (1598-1680), peintre, statuaire et architecte.

Des momies ficelées et empaquetées, avec leurs têtes jus de tabac, reposant dans des cercueils verticalement adossés aux murs, des morceaux de toile tissés sous les règnes des Ptolémées, des bijoux de la même époque, un char de guerre trouvé dans un tombeau, tel est l'inventaire du musée égyptien.

Le Muséum d'histoire naturelle renferme des pièces anatomiques en cire d'un véritable intérêt ; on y a conservé un doigt de Galilée.

La cathédrale *Santa Maria del Fiore*, avec son dôme à huit pans imbriqué de tuiles vernissées, s'élève au centre de la piazza del Duomo. Le revêtement extérieur est de marbre de plusieurs couleurs.

Exécutée en 1298 par Arnolfo di Lopo [1], elle fut continuée par le Giotto [2] et achevée par Brunelleschi [3], l'auteur de la coupole, laquelle fut peinte intérieurement par Vasari, et dont Zuccari [4], ainsi que son élève Passignano [5], Pierre Candido [6],

---

[1] Né à Florence, XVe siècle. — [2] Par corruption Giotto, Angiolotto, né à Florence (1276-1336), peintre et architecte, élève de Cimabue. — [3] Philippo Brunelleschi, né à Florence, architecte (1377-1444). — [4] Frederico Zuccari, peintre romain (1542-1609). — [5] Domenico Cresti, dit, il Passignano, né à Passignano, près Florence (1558-1638). — [6] Son vrai nom était Pierre de Witte, peintre statuaire et architecte belge (1541-1628).

continuèrent la décoration; Gaddo Gaddi **¹**, le Ghirlandajo, Gherardo **²** l'enrichirent de leurs mosaïques.

On y admire des statues d'Orcagnà et des bas-reliefs de Bandinelli. Le campanile, élevé par le Giotto, fut terminé par Taddeo Gaddi **³**; il est plaqué de marbre de bas en haut comme la basilique.

Le Baptistère Saint-Jean **⁴** est très ancien et construit isolément, parce que dans les premiers siècles de la religion chrétienne les catéchumènes ne pouvaient entrer dans un temple, avant d'avoir reçu le sacrement du baptême.

Trois inimitables portes en bronze massif ferment l'entrée, la quatrième est murée; divisées en panneaux, chaque sujet représente une scène tirée de l'Evangile.

L'une d'elles est attribuée à Andreà Pisano **⁵**, les deux autres à Lorenzo Ghiberti **⁶**.

L'intérieur est orné des œuvres de : Andreà

---

¹ Né à Florence, excella dans cet art (1312-1385). — **²** Peintre en miniature, etc., du XV⁰ siècle, né à Florence. — **³** Peintre et architecte, né à Florence (1300-1352). — **⁴** S. Jean-Baptiste était le patron de Florence; baptistère, du grec βαπτειν, plonger. — **⁵** Andreà, dit Pisano, sculpteur et architecte, né à Pise (1270-1315). — **⁶** Né à Florence, célèbre sculpteur (1378-1455), travailla à la cathédrale avec Brunelleschi.

Taffi[1], Michelozzo, Apollonius, Andreà Verrochio[2], etc., et d'habiles mosaïstes qui leur furent contemporains.

Sur l'un des côtés de cette place et dans le mur d'un monument est encastré une pierre en forme de banc. Le cicérone nous atteste et le guide, que nous tenons ouvert, confirme que c'est là l'endroit où le Dante avait coutume de venir se reposer et qu'il restait plongé dans ses longues méditations. Certains auteurs ajoutent qu'il composa son poëme titanique dans la contemplation de l'œuvre du berger de Vespignano, son ami.

Oserai-je l'avouer!... j'eus la puérilité de m'y asseoir, poussé peut-être par l'espoir d'être inspiré et d'écrire des pages un peu moins banales que celles que je me suis mis en tête de publier.

L'église de l'Annunziatà possède un très-bel autel en argent massif finement ciselé.

De 1513 à 1521, sous Léon X, Michel-Ange construisit la sacristie de la chapelle Saint-Laurent, devenu le sépulcre des Médicis, qu'il a rempli de ses œuvres.

La *Cappella dei Principi* est très-remarquable;

---

[1] Peintre florentin etmosaïste (1213-1394). — [2] Andréa del Verrochio, peintre et sculpteur, né à Florence (1435-1488).

dès qu'on a franchi le seuil, on est saisi d'admiration à la vue de tant de magnificence réunie en un seul lieu. Les fresques de la coupole sont de Piétro Benvenuti[1]; le porphyre, le jaspe, l'onyx ont remplacé la classique pierre de taille, les murs de maçonnerie ont disparu sous des plaques de marbre, et, les saphirs, les émeraudes, les améthystes, les rubis en cabochons, brillent de mille feux sur les diadèmes royaux qui couronnent les mausolées.

Rien ne peut surpasser cet amas de richesses. Cet intérieur étincelant, quoique inachevé encore, a déjà coûté à la famille plus de 23 millions de florins[2]; chiffres énormes qui nous sont certifiés par le custode.

A côté est la bibliothèque Laurentienne, une des plus riches de l'Italie en manuscrits, rassemblés par Cosme.

Nous sommes encore sous l'impression de cette chapelle funèbre incomparable, quand nous nous trouvons dans l'église de Santa-Croce, devant des tombeaux moins riches en apparence mais aussi imposants dans leur simplicité. Elle fut bâtie par Arnolfo di Lapo, qui est à Florence ce qu'Alessi est à Gênes, c'est-à-dire, l'un et l'autre architectes infatigables, mettant toute leur ardeur au service de leur pays, employant toute leur science à doter

---

[1] Peintre, né à Arezzo (1769-1844). — [2] Le florin valait 1 fr. 20.

leur patrie de nombreux édifices, privés, publics et religieux.

Santa-Croce est le Panthéon florentin. Là dorment sous la même voûte les génies les plus divers: Machiavel [1], Galilée [2], Alfiéri [3], Michel-Ange. On y admire aussi les cénotaphes de Chérubini [4] et du Dante Alighiéri [5]; le sarcophage du Dante est à Ravenne.

Le tombeau du grand poète tragique a été fait par Canóva (1810), la chaire qui lui est contiguë est de Benedetto da Marjano [6]; celui de Buonarotti fut dessiné par Vasari et exécuté par Baptiste Lorenzo.

Michel-Ange, étendu depuis trois siècles au fond de sa dernière demeure, repose non loin de ses œuvres et tout près de l'habitation où il naquit, *rue Ghibellina*. Les appartements de la *casa*

---

[1] Né à Florence (1469-1530). C'est son *Traité du Prince*, code de la tyrannie, composé en 1514, qui lui valut le titre de machiavélisme. — [2] Né à Pise (1564-1642); mourut aveugle comme Milton, qui alla le voir à sa villa d'Arcetri, aux environs de Florence, ne se doutant guère alors lui-même perdre prématurément la vue. — [3] Comte Victor Alfiéri, né à Asti (1749-1803), qui épousa vers 1788 la comtesse d'Albany, veuve du dernier des Stuarts. — [4] Marie-Louis-Charles Zenobi Salvador Cherubini, célèbre compositeur de musique, né à Florence en 1760, mort à Paris en 1842; son tombeau est au Père-Lachaise. L'unique fille survivante de Cherubini, signora Zenobia Rosellini, veuve d'un savant archéologue, habite actuellement Pise. — [5] Né à Florence (1265-1321), le chantre de la *Divine Comédie*. — [6] Sculpteur florentin (1444-1498).

Buonarotti [1], comme on l'appelle, sont décorés de ses bas-reliefs, du combat des Géants et de peintures murales faits par ses élèves. Une canne, des pantoufles lui ayant appartenu sont religieusement conservés. On vous montre son cabinet de travail, fort étroit, ne recevant le jour que par une petite fenêtre. Les distractions ne devaient certes pas le troubler beaucoup dans ce réduit.

La maison du Dante est place San Martino, celle de Galilée rue de la Costa, et celle de Machiavel (où il mourut) rue Guicciardini, au delà du Ponte-Vecchio.

Florence est encore la patrie des Grazzini [2] et de *l'infarinato* Salviati [3], fondateurs de l'académie de la Cruscà ; du littérateur Varchi [4], Guichardin [5], surnommé le Thucydide italien, du célèbre géomètre Viviani [6], Toscanelli [7] le correspondant de Christophe Colomb, du sculpteur Torrigiano [8], du peintre Masaccio [9], du célèbre orfèvre Maso Finiguerra [10], à qui l'art est redevable de la découverte

---

[1] La maison Buonarotti a été cédée à la ville en 1858 par le comte Cosme Buonarroti. — [2] Antoine-François Grazzini, poëte, surnommé il Lasca (le dard, poisson), 1603-1583. — [3] Léonard Salviati, critique (1540 1589). — [4] Né en 1502, mort en 1527. — [5] Guichardin (Francesco Guicciardini, 1481-1540), historien célèbre, fit l'*Histoire d'Italie*, qui est sa gloire; il y travailla 27 ans. — [6] Vincent Viviani, élève de Galilée et de Torricelli. — [7] Paul del Pozzo Toscanelli (1397-1482), astronome distingué. — [8] Né en 1472, mort en 1522. — [9] Tommaso Guidi di San Giovanni, dit Masaccio, né à Florence (1402-1428). — [10] Célèbre sculpteur du XV° siècle.

de la gravure, des estampes sur cuivre et à l'eau forte; enfin de mille autres hommes illustres dont les noms m'échappent.

Les plus beaux palais sont : les palais Bartolini, Corsini, Fenzi, Ugoccioni et Pandolfini de Raphaël, le superbe palais Strozzi [1], vià Tornabuoni, d'une modénature parfaite, par da Marjano, et celui des Médicis, aujourd'hui Riccardi, construit par l'architecte Michelozzi.

Sur la rive gauche de l'Arno s'étalent de nouvelles merveilles. Nous y passons pour, des hauteurs de San Miniato [2], jouir du magnifique panorama de la ville et de la vallée luxuriante qui l'entoure, le tout rehaussé du superbe cadre des Apennins.

Le parement intérieur de la gracieuse église qui s'y élève, est en belles faïences polychrômées et en terres émaillées, dont les principaux maîtres préconisateurs de l'art, en Italie, ont été les della Robbia, les Fontana d'Urbino, et Bernard de Palissy, en France, vers le XVe siècle. Cette invention paraît nous venir des Arabes de l'île Majorque; de là le nom de majoliques.

[1] Le duc Ferdinand de Strozzi, chef de cette illustre famille, vient de mourir. — [2] Nom d'un martyr du IIIe siècle. San Miniato fut fortifié à la chute des Médicis (XVIe siècle), par Michel-Ange, le Vauban florentin.

D'après Hérodote [1], les Lydiens abordèrent en Italie ayant à leur tête Tyrrhène (dont ils prirent le nom), fils d'Atys, XVIᵉ s. av. J.-C., fils de Manès. Telle serait la race pélasgique ou cyclopéenne. Voici plutôt le récit de l'auteur :

« Sous le roi Atys, fils de Manès, une famine
« cruelle désola toute la Lydie. Le peuple pendant
« longtemps en prit son parti ; mais ensuite,
« comme elle persistait, il chercha des adoucisse-
« ments ; chacun s'ingénia d'une manière ou
« d'autre. C'est alors qu'ils inventèrent les dés,
« les osselets, la balle et tous les autres jeux de
« cette sorte, excepté les dames, car ils n'en ré-
« clament pas l'invention. Ils employèrent ainsi
« leur temps contre la famine ; de deux journées
« ils en passaient une tout entière à jouer, afin de
« ne point songer à prendre de nourriture ; pen-
« dant l'autre, ils suspendaient les jeux et man-
« geaient. Grâce à cet expédient, dix-huit années
« s'écoulèrent ; cependant le mal, loin de cesser,
« s'aggrava. Alors le roi fit du peuple deux parts,
« puis il tira au sort laquelle resterait, laquelle
« quitterait la contrée, se déclarant le chef de ceux
« qui demeureraient et plaçant à la tête de ceux
« qui émigreraient son fils, nommé Tyrrhène. Ces
« derniers se rendirent à Smyrne, construisirent
« des vaisseaux, y mirent tout ce que requérait

[1] Célèbre historien grec, né à Halicarnasse (484-407).

« une longue navigation et voguèrent à la re-
« cherche d'une terre qui pût les nourrir; ils
« côtoyèrent nombre de peuples; finalement ils
« abordèrent en Ombrie, où ils bâtirent des villes
« et où ils habitent encore. Ils changèrent leur
« nom de Lydiens pour prendre celui du fils de
« leur roi, qui avait conduit la colonie, et depuis
« lors on les appelle Tyrrhéniens [1]. Quant aux
« Lydiens, ils tombèrent sous la domination des
« Perses [2]. »

Les Rasènes, sortis de la Rhétie (Tyrol), 434 ans avant Rome, les subjuguèrent, et de leur mélange avec les Aborigènes, ils formèrent les Tusques ou Étrusques (avec l'e préfixe), peuples de pasteurs et de laboureurs.

Les Lydiens ont été les importateurs de ces élégants vases étrusques, rouges, noirs, dont on a retrouvé quelques spécimens, les uns avec des caractères phéniciens, les autres portant des inscriptions helléniques. Les Grecs aimaient beaucoup ces jolies poteries, à la glaçure si brillante.

Virgile dit dans l'*Enéide,* livre VIII :

ubi Lydia quondam,
Gens bello præclara, jugis insedit Etruscis [3],
Hanc multos florentem annos rex deindè superbo,

[1] La mer Tyrrhénienne, qui baigne ce rivage, a pris leur nom. — [2] (Livre I, chap. XCIV. TRADUCTION de M. Giguet.) — [3] C'est au milieu de l'Étrurie que les poètes ont placé, sous le règne symbolique de Saturne, l'âge d'or des anciens.

ce qui corroborerait en partie l'assertion de l'historien grec.

Au dernier siècle de l'empire romain, cette province s'appelait Tuscie ou Toscane, et la capitale, Florence (*florens, fleurissant*), tirait son nom des quantités de fleurs qui croissaient aux alentours, comme Byzance, fondée par les Mégariens dans une position admirable, et qui empruntait le sien à deux mots grecs : βυζειν, remplir, et ανθος, fleur.

Sans quitter la rive où nous sommes, le palais Pitti, aujourd'hui demeure royale, après avoir été la propriété de la famille dont il porte le nom et avoir appartenu ensuite aux Médicis, déploie son immense façade devant le jardin Boboli.

Il fut bâti par Brunelleschi en 1440, décoré par les peintres Pierre de Cortone [1] et Ferri, son élève.

L'aile gauche est le muséum, dont j'ai déjà dit quelques mots. L'aile droite est la superbe galerie de tableaux, qui contient entre autres, les deux madones universellement connues de Raphaël : la Vierge au Baldaquin (1508) et la Vierge à la Chaise, faite huit ans après.

Le corps principal du bâtiment est le palais du roi.

---

[1] Pietro Berrettini, dit Pierre de Cortone, né à Cortone (1596-1669), peintre et architecte toscan.

L'intérieur, bien orné de plafonds et de parquets magnifiques, possède une riche collection de consoles sculptées, de petits meubles en bois de rose garnis de lapis-lazuli, des crédences en ébène avec application d'ivoire, ainsi que des secrétaires, des *cassone,* et les plus belles mosaïques dont *Firenze* puisse se glorifier, à juste titre, de posséder le monopole artistique.

Nous ne pouvions nous lasser d'admirer ces incrustations d'émaux, traitées avec une maëstria unique, jouant les peintures à côté desquelles elles se confondaient.

Que de travail, de patience, de génie pour avoir tailladé et jointoyé toutes ces pierres aux couleurs les plus variées, avoir harmonisé leurs mille et une nuances et su tirer parti, avec autant d'habileté, de ces veines invisibles qui surgissent inopinément au courant du travail.

La vie entière d'un homme se trouve résumée dans ces productions esthétiques, en la science desquelles les Florentins sont, depuis longtemps, passés maîtres.

Nous revenons sur la rive droite par le *ponte Vecchio,* habité par les *orefice.* Le pont Vecchio a été bâti par Gaddi ; des maisons s'alignent de chaque côté.

En aval du pont, nous pouvons contempler à

notre aise les mosaïques qui se vendent, sou ; forme de bijoux de tous genres, dans les fabriques sur le quai de *Lung Arno Nuovo*.

En continuant ainsi longtemps notre flânerie nous arrivons aux *Cascine,* complantées de grands arbres et situées sur le bord du fleuve. On y vient vers cinq heures. C'est le rendez-vous de la société élégante, comme Hyde Park dans Piccadilly, le Bois de la Cambre à Bruxelles.

Un bon point aux équipages que nous y avons vus, ils étaient irréprochables. Un gentleman d'Albion et d'un grand nom, sir Livingston, conduit chaque jour ses douze chevaux et circule dans toutes les rues de la ville avec l'assurance et l'adresse d'un Romain, se disputant le prix aux Jeux Olympiques.

Les Florentines s'y montrent aussi sémillantes qu'on nous les avait fait envisager. Nos commensaux sont décidément des hommes de goût.

A enregistrer à notre avoir : deux bonnes soirées. L'une au théâtre *Pagliano* où l'on jouait Faust, l'autre à la *Pergola* où l'on donnait Mignon sous les traits charmants de Mlle Emma Albani, cette gracieuse actrice de la salle Ventadour, qui se fait applaudir chaque soir au théâtre de Covent-Garden, dans *Paul et Virginie.*

Les deux pièces furent chantées en italien ; la

dernière, notamment, a été traduite dans la langue du Dante par il signor Giuseppe Zaffira.

Mignon eut un immense succès. On bissa, on rappela, bissa à nouveau, rappela encore ; enfin l'air de *Connais-tu...* valut à la diva une ovation complète :

Non conosci quel suolo che di tutti è il più bello ?
Quel suol che dell' aure ha più terso il color ?
....
....
Ah ! potess' io tornare
A quel suolo che intese il mio primo vagir !
Ivi pace trovare,
Ivi amar, morire !

On doit penser si nos *bravi* retentissants se mêlèrent à ces applaudissements frénétiques [1]. Nous avions à cœur de rendre un légitime hommage d'enthousiasme, sur le sol étranger, à un opéra de création toute française et d'une mélodie aussi douce, aussi suave, surtout dans la bouche d'une Italienne !

L'omnibus nous attend... Nous quittons nos chers anacréons avec de vigoureux *shake-hands* et en les remerciant sincèrement des bons conseils dont ils nous ont comblés.

[1] En France, les trépignements sont souvent employés comme marques de satisfaction ; en Italie, ils sont considérés comme signes de désapprobation.

Tout le personnel de l'hôtel, masculin et féminin, est sous les armes. L'un a pris ma canne, l'autre ma couverture et mon sac, un troisième m'a enlevé sur le marchepied. Il me reste à leur témoigner à tous ma profonde gratitude, par une distribution généreuse de *soldi*... C'est bien ce qu'ils attendaient.

Par dérogation à nos habitudes, nous allons cette fois voyager de nuit.

Les principales stations du parcours sont : *Arezzo* (Arretium), patrie de Pétrarque [1], de Gui d'Arezzo [2], de l'Arétin [3] et de Vasari où il repose du reste ; on montre, près d'Arezzo, le tombeau du général romain Flaminius [4]. Puis viennent : *Cortone, Pérouse* (Perusia), et plus loin *Assise,* patrie de Metastase [5], l'auteur de la *Divine Olympiade;* enfin *Spello* [6], *Foligno* [7], *Spolète* [8], *Terni* [9],

---

[1] Célèbre poète italien (1304-1374). — [2] Bénédictin (995-1050) qui inventa la gamme. — [3] L'Arétin (1492-1557) fit des écrits licencieux. Arezzo est encore la patrie du célèbre naturaliste Redi (1626-1697) et du savant botaniste Cesalpin (1519-1603). — [4] Flaminius Nepos (Caius), général turbulent et emporté, nommé consul en 223 av. J.-C. Annibal lui tua 15,000 hommes à Trasimène et lui fit 6,000 prisonniers. — [5] Pierre-Antoine-Dominique-Bonaventure Tropassi, dit le Metastase, célèbre poète (1698-1782). — [6] En 1772, on y a trouvé le tombeau de Properce (Sextus Aurelius Propertius), poète latin, ami de Mécène, Ovide et Virgile. — [7] Autrefois *Fulginium*. — [8] Annibal, vainqueur à Trasimène, vint sous les remparts de Spolète, où il subit un échec. — [9] Anciennement *Interamna*.

Narni [1], *Borghetto, Monte Rotondo* [2] et *Mentana*.

Avant d'arriver à Pérouse, on longe pendant assez longtemps le lac de Trasimène, célèbre par la victoire des Carthaginois sur les Romains, l'an 217, la troisième qu'Annibal remporta après son passage des Alpes ; il aurait pénétré en Italie par le col du Mont Genèvre, si on en croit quelques savants.

Nous avons beau écarquiller les yeux, nous ne voyons rien de ce lac mémorable, la nuit est trop obscure.

Foligno est l'embranchement pour Ancône, mais avant Ancône, est Falconara, le point de bifurcation pour Rimini et les stations riveraines de l'Adriatique : Sinigaglia, Fano, Pesaro [3], patrie du maëstro Rossini [4]. Ces cinq villes : Ancône, Rimini, Sinigaglia, etc., constituaient la Pentapole italienne et correspondent à l'ancien territoire de

---

[1] Narni, autrefois *Nequinum* ; son nom lui vient de la mollesse de ses habitants. — [2] Autrefois *Eretum* — [3] Pesaro, anciennement *Pisaurum*, ainsi appelé parce que ce fut là que les Romains pesèrent l'or qu'ils donnèrent aux Gaulois pour racheter le Capitole. L'or était en lingots et le monnayage n'était pas encore connu. — [4] Gioachimo Rossini, célèbre compositeur de musique (1792-1868). Sa veuve, Olympe Pélissier, de son nom de famille, vient de mourir près de Paris, à Passy, à l'âge de 80 ans (22 mars 1878). Les restes mortels de Rossini seront transportés sous peu dans l'église Santa-Croce, à côté de Cherubini.

l'Ombrie et des Senones, depuis aux Marches et à la Romagne.

Saint-Marin n'est distante de Rimini que de 14 kilomètres. La République Titane est représentée auprès du gouvernement, à Paris, par le comte C. de Bruc, écrivain de mérite en même temps que diplomate distingué.

CHAPITRE V

CHAPITRE V

ROME. La Minerve. Le Panthéon. Les colonnes Antonine et Trajane. Le Tibre. Le château Saint-Ange. Le Corso. Le Capitole et la roche Tarpéienne. Le Forum et la prison Mamertine. Le Palatin et le palais des Césars. La voie Sacrée et la voie Triomphale. Le Velabre. L'Aventin. Les Catacombes. La voie Appienne et les tombeaux. Les Thermes. Le Colisée. Les portes de Rome. Palais particuliers. Le Quirinal. La fontaine de Trevi et celles de la place Navone. La Befana. Pasquin. Les églises et les basiliques, Saint-Paul, Saint-Pierre. Le Vatican. Une audience au Vatican.
— DE ROME A NAPLES.

Dès l'aube, nous faisions notre entrée dans la Métropole.....

Pas un bruit dans l'air, partout le calme le plus ineffable, le doux sommeil de la Ville Éternelle n'était à coup sûr troublé que par le roulement des *vetturini* revenant de la gare à travers ses rues encore désertes.

Quelques heures de repos suffirent pour nous remettre des fatigues du voyage et nous sortîmes allègres, et surtout pleins d'anxiété, de la *Locandà della Minervà* où nous étions descendus.

De cet hôtel, dont les fenêtres donnent sur une place baptisée du même nom pompeux, on voit surgir entre plusieurs files de fiacres, un éléphant en pierre, monté sur un socle et supportant un obélisque. Quel peut être ce symbole ?

Je déclare n'en savoir absolument rien.

Je n'eus même pas alors la pensée de le demander à certains cochers, infatués d'eux-mêmes, qui, à notre approche, avaient précipitamment sauté à bas de leurs sièges pour venir nous faire leurs offres de service.

L'un d'eux, parlant assez bien le français, fut immédiatement pris de préférence aux autres. « Vous serez notre guide dans la ville splendide, avons-nous dit, comme le Suédois dans la *Vie parisienne,* nous irons partout et nous visiterons tout.... »

Cet heureux choix accompli, nous pénétrons aussitôt dans une ravissante église gothique, afin d'y voir le Christ de Michel-Ange, le tombeau du peintre moine Fra Angelico [1] et ceux de plusieurs

---

[1] Giovanni da Fiesole, dit l'Angelico, qui se nommait Guido ou Guidolino avant de prendre l'habit, naquit en Toscane (1387-1455).

papes : Paul IV [1], Clément VII [2], Léon X [3] par Raphaël da Monte Lupo.

Nous allons ensuite admirer le Panthéon [4], sur la place de la Rotonde, un des plus beaux restes de la Rome antique; temple prostyle élevé par Auguste et achevé par son gendre Agrippà, l'an 27 avant l'ère chrétienne.

Réparé à diverses reprises sous le règne d'Adrien [5], principalement par l'architecte Detrianus, il fut concédé au culte catholique sous le pontificat de Boniface IV [6].

De continuelles spoliations lui ont successivement arraché les statues et les bronzes qui l'enrichissaient, pour aller faire l'ornement ou la défense [7] d'autres édifices. Il renferme les *sepolcre* de Raphaël, Zucchero, Peruzzi, Carrache, et de plus, celui du roi Victor-Emmanuel II.

Maintenant, *allà postà..., cocchiere*, lui ai-je crié d'une voix de stentor, et cela, dans l'espoir

---

[1] Jean Pierre Caraffa, né à Naples, pape de 1555 à 1559. — [2] Jules de Médicis, pape de 1523 à 1534. — [3] Jean de Médicis, deuxième fils de Laurent le Magnifique, né à Florence, fut élu pape en 1513. — [4] Agrippa le dédia à tous les dieux (de là παν tout, θεον dieu). On remarquait surtout les statues de Jupiter, de Mars, etc. Marcus Vipsanius Agrippa (63-12) épousa Julie, fille d'Auguste. — [5] P. Ælius Hadrianus, né à Rome (76-138), empereur, architecte, sculpteur, peintre, favorisa les lettres et les arts. Il fit construire les arènes de Nîmes et le pont du Gard. — [6] Boniface IV (608-614). — [7] Une partie fut employée à Saint-Pierre, l'autre à fondre des canons pour la citadelle Saint-Ange.

d'être mieux compris. On a toujours plus de chance de se faire entendre en parlant haut une langue qu'on ne connaît pas.

La Poste est la mieux comprise et la plus riche qu'il existe. Construite en marbre blanc et appuyée sur de belles colonnades tirées de Veïes, elle s'allonge sur tout un côté de la piazzà dellà Colonnà, de plain-pied avec le sol. Les guichets s'ouvrent sous ces arcades, où l'on peut circuler librement et à l'abri.

La colonne Antonine [1] s'élance fièrement du milieu de cette place; des bas-reliefs partant du piédestal, contournés en spirale jusqu'au sommet, se terminent en amortissement par la statue de saint Paul, qui, en 1589, a supplanté celle de Marc-Aurèle. Avec elle, la colonne Trajane [2] fait la paire, sur le forum Trajan.

En 1588, Sixte V fit mettre la statue de saint Pierre en bronze doré à la place de celle de l'empereur; les statues des deux apôtres sont du sculpteur Tommasso dellà Portà.

[1] Elle est ainsi improprement appelée parce que Sixte V la fit réparer sous Antonin le Pieux. Elle fut érigée en l'honneur de Marc-Aurèle à l'occasion de sa victoire sur les Marcomans (174); elle se compose de 28 blocs superposés mesurant ensemble 45 mètres de hauteur. — [2] Elle fut élevée sous le règne de Trajan (98-117) par le sénat et le peuple romain, l'an 112, pendant son expédition de Dacie; on croit que ce fut Apollodore de Damas, l'architecte. Le forum Trajan, fut entrepris l'an 117 et retrouvé en 1812 par les soins de l'administration française.

C'est une de ces magnifiques quilles en marbre artistement fouillé qui a, dit-on, fait concevoir à Napoléon Ier l'érection de la colonne Vendôme [1].

Tout en relisant les bonnes lettres auxquelles nous avions ici donné rendez-vous, tout en songeant aux paternelles tendresses qu'elles contenaient, nous avions parcouru une partie du Corso, sans nous en douter, et nous étions arrivés devant le *ristorante, Café di Romà.*

. . . .

Le déjeuner est à peine fini que nous songeons déjà à monter en voiture, pour nous abandonner corps et âme à ce cicerone-cocher qui a reçu de nous l'impérieuse mais noble mission de nous faire connaître l'antique cité, sous ses différents aspects et dans son ensemble général. La tâche est dure !

Six heures ont néanmoins suffi à la réalisation de ces ardents projets, et le soir, de retour à l'hôtel, j'ai pu me dire avec bonheur en me jetant dans un fauteuil : Enfin, j'ai vu Rome !

Mes plus brûlants désirs s'étaient accomplis, au delà de toute espérance, dans la journée même de notre arrivée.

Plus tard, nous examinerons en détail les trésors de ce précieux écrin ; contentons-nous pour l'instant d'un aperçu à vol d'oiseau.

[1] Élevée le 15 août 1810 par les architectes Lepère et Gondoin.

Rome n'est pas une coquette qui plaît, jette de la poudre aux yeux et éblouit. Sa conquête est difficile comme une personne discrète, remplie de charmes cachés et inappréciables. C'est une hétère riche, aimable et pleine de séductions pour qui la connaît bien. « Qui n'ose la vouloir, n'ose la mériter. » O vous donc, étrangers qui passez, ne vous attendez pas à ce qu'elle s'entr'ouvre tout à coup, pour vous prodiguer ses faveurs. Non, il faudra les mériter par des promenades fréquentes, des visites assidues, et par vos recherches infatigables.

Divisée par le Tibre (Albula)[1], dont les eaux jaunes coulent lentement du nord au sud et tournent à l'ouest pour se jeter dans la mer, la ville nouvelle s'étend sur la rive gauche, au détriment de l'autre côté, appelé le Transtibérin ou Transtévérin, qui ne comprend que le Vatican et le Janicule.

Plusieurs ponts relient les deux rives : *ponte* Sublicius ou Æmilius, construit par Ancus Mar-

---

[1] .... *amisit verum vetus Albula nomen* (liv. VIII, v. 332 de l'*Énéide*). Vulturne était le dieu du Tibre. Les *Neptunales* étaient les fêtes des mariniers du Tibre ; ces fêtes consistaient surtout en courses de bateaux. Le Tibre s'appelait aussi « Rumon », dans la liturgie romaine. Des fouilles vont être pratiquées dans le lit de ce fleuve ; ce qui amènera de riches découvertes.

tius [1], *ponte* Rotto ou Palatino, *ponte* Bartolomeo ou Cestio, *ponte* Sisto, bâti sur les dessins de Pintelli [2], enfin le pont San Angelo (Œlius [3]), orné de statues par le Bernin.

En face de ce dernier, s'élève le château Saint-Ange [4], renfermant dans ses hautes murailles crénelées le mausolée d'Adrien.

L'ange colossal, coulé en bronze, qui le surmonte, a remplacé celui en marbre de Raffaëllo da Monte Lupo.

Nos troupes y furent casernées, entre autres, en 1798 ; le général Berthier [5], qui les commandait, était logé au Quirinal.

Rome, avec ses sept collines : le Palatin, l'Aventin, l'Esquilin, le Quirinal, le Capitolin, le Janicule et le Vatican, a pour barrières naturelles, au nord, à l'est et au sud : la forêt Ciminienne, les Apennins, les Sabines et les monts Albains, qui sembleraient devoir la protéger contre toute

[1] Quatrième roi de Rome, petit-fils de Numa (641-617). — [2] Baccio Pintelli, architecte florentin du XVe siècle. — [3] Ce pont fut construit par Adrien, en face de son môle en marbre de Paros. Ses cendres furent rapportées de Baïa dans une urne de porphyre. — [4] La citadelle est une ancienne résidence des papes, elle communique souterrainement avec la basilique. La forteresse date du XIIe siècle, et reçut son nom d'une petite église construite près de là en 593. — [5] Alexandre Berthier (1753-1815), maréchal de l'Empire, prince de Wagram et de Neuchâtel, duc de Valengin.

tentative d'invasion, si l'histoire n'était pas là pour le révoquer en doute.

Trois grandes voies s'élevant en triangle, les deux côtés : la vià dit Ripettà, et la vià del Babbuino, le Corso la verticale avec la piazzà del Popolo pour sommet et le Capitolin pour base, sont les quartiers les plus gais et les plus fréquentés de la ville moderne, qui occupe l'emplacement du Champ de Mars romain.

Le Corso, ancienne vià Latà, la principale de toutes, se déroule comme un long ruban sur une étendue de plusieurs kilomètres.

On s'y promène beaucoup vers le soir.

On va au Champ comme on va au Bois. C'est la *Cascina* des Romains, c'est aussi le centre des fêtes pendant le carnaval. On y lance, au milieu d'un bruyant tumulte, des *barberi,* c'est-à-dire des chevaux sans bride et sans cavalier, excités par des aiguillons qui leur battent les flancs ; on y livre des siéges en règle avec des bouquets de fleurs et des poignées de *confetti* pour mitraille. La rue est pleine de masques, de dominos et de matelots (ceux-ci très en vogue), de chars, de *floraie,* de marchands de *razzi* et de *coriandoli,* lesquels vendent ces petites graines sous forme de dragées multicolores.

Pendant onze jours tout le monde s'amuse ; l'homme grave se mêle à ces saturnales annuelles aussi bien que l'étudiant folâtre, le peuple est en liesse et prend ses *esbattements,* jusqu'à l'heure fatale, où le glas funèbre du Capitole sonne la retraite.

La foule s'écoule alors lentement, le flot humain déborde de toutes parts, chacun rentre chez soi et se dispose pour le lendemain, à aller recevoir les cendres. Deux actes qui s'allient peu ; une folle ivresse précédant une austère pénitence, à quelques heures d'intervalle.

Nous sommes toujours au pays des contrastes.

Trois journées consécutives à visiter les collections publiques ou privées, les palais particuliers ou nationaux, les musées de sculpture et de peinture : Corsini, Farnèse, Spadà, Barberini, Colonnà, Dorià, Rospigliosi, Borghèse, Albani, du Capitole, du Vatican, etc. Oui ! trois journées entières au milieu de richesses amoncelées, à l'énumération desquelles plusieurs volumes ne suffiraient pas. Mais ici-bas, on se lasse de tout, même d'admirer les plus belles choses et on préfère les explorations à ciel ouvert, lorsque l'esprit s'est bien rassasié des autres.

Les mêmes jouissances trop souvent répétées amènent la réplétion morale.

Nous avions donc décidé un beau matin de nous réveiller de bonne heure, afin de nous rendre sur le Mont Saturnien et assister, des hauteurs du Capitole, au lever de l'aurore [1], aux doigts de rose, pour parler comme Homère.

Jeunes téméraires! nous avions compté sans notre hôte... l'astre brillant, dont les rayons indiscrets, filtrant à travers les volets entr'ouverts, vinrent nous surprendre jusque dans notre lit, et ma foi, il faisait grand jour depuis longtemps déjà, quand nous nous trouvâmes au bas de ce large escalier, que tant de générations ont foulé aux pieds. Nous l'avons gravi sous les yeux vigilants des Dioscures, placés de chaque côté de la rampe.

Au centre du quadrilatère que forme le Campidoglio, se dresse la statue équestre en bronze doré de Marc-Aurèle [2], ayant pour cadre à sa droite, un musée de sculpture, à sa gauche, un musée de peinture, derrière lequel se cache l'emplacement de la roche Tarpéienne, d'où les criminels étaient précipités.

Hinc ad Tarpeiam sedem et Capitolia ducit,
Aurea nunc, olim silvestribus horrida dumis [3].

La vestale *Tarpéia* a laissé son nom à l'endroit où elle succomba. Les Sabins, avec qui elle échan-

---

[1] Les Romains appelaient cette partie du matin avant le lever du soleil: *diluculum*. — [2] Marc-Aurèle (121-180), mourut à Vienne (Autriche). — [3] Liv. VIII, v. 347. *Enéide*.

gea le Capitole pour des présents, lui jetèrent leurs boucliers et elle périt étouffée sous le nombre. Scène renouvelée par Demonice, qui, ayant ouvert les portes d'Éphèse à Brennus, mourut elle aussi sous le poids des joyaux d'or qu'elle reçut.

C'est ce même Capitole qui fut livré par la trahison d'une prêtresse de Vesta et sauvé plus tard par les cris des oies sacrées. C'est aussi de cette même roche Tarpéienne que Manlius renversa les Gaulois et qu'il fut jeté à son tour, convaincu de tyrannie par les tribuns.

Le palais des sénateurs, élevé sur les substructions du *Tabularium*, ferme le fond de la scène ; la tour qui le surmonte est de Martin Lunghi [1].

Le plan général du Campidoglio est dû à Michel-Ange, qui le fit sous le pape Paul III [2].

De chaque côté du palais sénatorial, s'enfoncent deux rues, dont l'une conduit à l'église de l'Ara-Cœli, dans l'Intermont, couvert autrefois de bois touffus habités par des nymphes et des faunes. Romulus y eut un temple et en fit un asile [3].

Le grand temple de Jupiter Capitolin [4] devait,

---

[1] Devint architecte après avoir été ouvrier, il était né près de Milan, XVI° s. — [2] Alexandre Farnèse, pape de 1534 à 1549, avait été marié avant d'entrer dans les ordres.

[3] *Hinc lucum ingentem, quem Romulus acer asylum*
Rettulit......
(Liv. VIII, v. 342. Enéide.)

[4] Quand on commença à le bâtir on l'appela *Capitolinus*, d'une

selon toute probabilité, occuper la place de l'Ara-Cœli, appelé depuis Santa-Maria in Capitolio.

Cette église possède le *Santissimo Bambino*, imparfait ouvrage en bois du Jardin des Oliviers.

L'autre, par une pente rapide, mène jusqu'au bas du *Clivus Capitolinius* [1].

De cette éminence, le regard se promène sur un immense champ de fouilles, rempli de décombres et de fûts de colonnes, c'est le *Forum romanum*, ce nom si simple et si gros de choses à la fois, le champ de bataille des Romains et des Sabins, la Bourse en plein vent de ces deux peuples assemblés, où il n'était question ni de hausse ni de baisse, ni de terme ni de comptant; là, au contraire, où se discutaient les intérêts de la patrie, où s'agitaient les destinées du monde. « Voilà le Forum où furent prononcées tant d'immortelles harangues.... l'air y respire encore la brûlante éloquence de Cicéron [2]. »

---

tête humaine trouvée en creusant les fondations et portant sur le front, *tolus;* de là, *caput, toli.* Tarquin l'Ancien (617-578) construisit le temple et le Capitole et Tarquin le Superbe (534-509), l'acheva. Le premier Capitole dura 424 ans. Brûlé et réédifié en marbre par Sylla, l'an 822 de Rome, il fut encore incendié dans la guerre civile de Vitellius et de Vespasien, et plus tard, pour la troisième fois, sous le règne de Titus. Dans l'incendie de l'an 670 de Rome, les *livres sybillins,* vendus, suivant la tradition, par la sybille de Cumes à Tarquin le Superbe, furent brûlés. Le Capitole existait l'an 455 de Jésus-Christ, lorsque Genséric saccagea Rome. — [1] C'est là que périt assommé le tribun Tiberius Gracchus (133). — [2] Child Harold, strophe 112 du Liv. IV.

Au bas de cette descente, on est aussitôt mis en présence de ruines magnifiques : le temple de Vespasien *Mulio* [1], huit colonnes du temple d'Ops et de Saturne qui renfermait le trésor public (*ærarium*). A la mort de César (15 mars 44 avant J.-C.), il contenait 700.000.000 [2] de sesterces qui y avaient été déposés pour une expédition projetée contre les Parthes, après la soumission de l'Espagne.

A côté du temple de Saturne, étaient placés la borne milliaire d'or d'Auguste, d'où partaient toutes les routes de Rome, les rostra [3] ou tribune aux harangues et la colonne Phocas [4], lesquels existent encore ; les Comices, le Græcostasis [5], l'arc de Septime Sévère, en parfait état de conservation, et derrière, les ruines du temple de la Concorde, où Cicéron convoqua le sénat, pour accuser les conjurés de Catilina.

Neuf furent cités à comparoir, et plusieurs d'entre eux furent jetés dans la prison Mamertime, au coin du *Clivus de l'Asile*. Le temple et

---

[1] Titus Flavius Vespasien, 9ᵉ empereur romain, Iᵉʳ siècle de l'ère chrétienne, surnommé Mulio, parce qu'il fut maquignon dans sa jeunesse. — [2] Le sesterce équivalait à 0,20 c. de notre monnaie. — [3] Ainsi appelés des *rostra* (éperons) qu'on y plaça et qui ornaient la proue des vaisseaux brûlés dans le port d'Antium par le consul Mœnius (337 avant J.-C.). — [4] Fut érigé l'an 608 par Smaragdus, exarque de Ravenne, en l'honneur de l'empereur de Byzance. — [5] Lieu où s'arrêtaient les députés grecs avant d'avoir l'audience du sénat. (Γραικος, grec; στασις, station.)

la prison ne sont séparés l'un de l'autre que par les *Scalæ Gemoniæ,* où fut notamment mis en lambeaux le corps de Vitellius.

Dans le temple de la Concorde, C. César, étant préteur, prononça un long discours touchant la conjuration de Catilina, mais Porcius Caton tint un langage si persuasif et si virulent, que la majorité des membres se rangèrent à son avis.

Cicéron donna alors l'ordre aux préteurs Valerius Flaccus et C. Pomptinus de prendre les dispositions urgentes pour qu'on se saisît des coupables. Ceux-ci furent arrêtés, amenés dans le temple où ils s'entendirent juger.

De là, traînés en prison, ils furent étranglés, et leurs cadavres, remontés à l'aide d'un croc, restèrent exposés aux Gémonies ; tels furent : Ceparius, Gabinius, Strabilius, Céthégus, et Lentulus, descendant des Cornéliens ; d'autres ne purent être appréhendés ; quant à Sergius Catilina, il périt, comme on le sait, sur le champ de bataille de Pistoja.

Le *carcere duro* du Capitole évoque avec lui d'autres noms de prisonniers fameux : Persée [1], dernier roi de Macédoine, Jugurtha [2], Vercingé-

---

[1] Persée, dit-on, s'écria en entrant dans le Tullianum : O Hercule, que tes étuves sont froides ! — [2] Jugurtha y fut jeté par les licteurs de Marius.

torix [1], saint Pierre [2] et saint Paul [3], ainsi qu'un grand nombre de martyrs enfermés par le farouche et cruel Néron.

« Au pied du mont Capitolin est une antique prison d'Etat; Eudore, fils de Lasthenès, y fut précipité avec beaucoup d'autres chrétiens par Galérius. » (Châteaubriand.)

Des traces de pas laissés sur les degrés qui descendent à la prison sont, suivant la tradition, les pieds de saint Pierre, restés empreints dans le granit.

Le premier étage conserve le nom d'Ancus Martius [4] ou Mamercus, qui le fit construire. Le cachot fut appelé *tullianum,* de Tullius, qui le creusa; d'autres prétendent que saint Paul fit sortir une source (*tullianum*) et qu'il baptisa ses co-détenus avec l'eau qui en jaillit.

En revenant sur le Forum, appelé aussi *Tria-Fata* [5] et depuis *Campo-Vaccino,* on rencontre Saint-Adrien à la place de la *curie Hostilia* [6],

---

[1] César fit étrangler Vercingétorix après six années de captivité, vers l'an 45 av. J.-C. Tous les captifs des triomphes vinrent y finir leurs jours. Livilla, femme de Drusus, y mourut, croit-on, de faim. — [2] Après huit mois d'emprisonnement, il fut crucifié la tête en bas l'an 66; la basilique de Saint-Pierre serait, dit-on, élevée sur son tombeau. — [3] Saint Paul eut la tête tranchée et fut enterré sur la route d'Ostie. — [4] Ancus Martius, petit-fils de Numa (641-717). — [5] Elle s'appelait ainsi, au moyen âge, des Trois Parques qu'on y voyait; le Campo-Vaccino, ou marché aux bœufs. — [6] Curie équivaut à hôtel-de-ville.

5.

construite par Servius Tullius après la destruction d'Albe, celle-là même d'où il fut précipité par son gendre, Tarquin le Superbe. Tullie, sa fille, pour rejoindre plus vite son parricide époux, passa avec son char sur le corps de son père. Le vicus Cyprius, aboutissant au vicus Urbius, prit alors le nom de *Voie Scélérate;* on y arrive aujourd'hui par la rue Saint-François de-Paul.

En continuant, on trouve sur le Forum : les temples d'Antonin [1] et de Faustine, de Romulus et Remus, la basilique de Constantin édifiée par Maxence [2], et le temple de Vénus et de Rome, élevé, vers l'an 125, par *l'architecte-empereur* Adrien.

Cette vallée n'était, aux premiers temps, qu'un marais, au milieu duquel le *lac Curtius* [3] subsista longtemps, ainsi que le lac Servilius à l'entrée du vicus Jugarius, dont le vicus Tuscus, quartier toscan, formait le prolongement à travers le Velabre.

Chaque année, raconte Suétone, à propos d'Auguste, tous les ordres de l'État jetaient dans le gouffre de Curtius des pièces d'argent pour son salut.

---

[1] Antonin le Pieux et sa femme, l'impudique Faustine, au Iᵉʳ siècle de l'ère chrétienne. — [2] Marcus Aurelius Valerius Maxentius, fils de Maximien-Hercule, se noya dans le Tibre (312). — [3] Tout endroit frappé par la foudre était considéré chez les Romains comme sacré.

Galba fut égorgé, sur ses bords, par des cavaliers.

A l'opposite, on voit la basilique Julia, le temple de Castor et de Pollux qui formait le vestibule du palais de Caligula, et trois colonnes de celui de Jupiter Stator, construit par l'architecte Hermodore (II⁰ s. av. J.-C.), dans lequel Cicéron réunit les sénateurs pour la première fois, 8 novembre 63, *de Catilinâ*.

Sur le mont Palatin [1], le berceau de Rome [2], comme la Cité l'est à Londres, des fouilles habilement dirigées mettent chaque jour à découvert, sous le nom de « palais des Césars », des murailles intactes, ornées de fresques, que la patine du temps n'a point endommagées. On a déblayé le temple de Vesta, la

---

[1] Le Palatin (de *palatium*, palais) s'appelait avant, Balantium (du grec βαλαρε, bêler) parce qu'on entendait les bêlements des troupeaux. — [2] Fondation de Rome. D'après Tite-Live, après la prise de Troie, Enée, fils d'Anchise et de Vénus, vint avec Ascagne, son fils, s'établir sur les côtes du Latium; ils se joignirent aux Aborigènes et fondèrent Albe. Numitor, un des descendants, roi d'Albe, ayant été détrôné par Amulius, ce dernier envoya exposer deux jumeaux que la vestale Rhea Sylvia, fille de Numitor, venait de mettre au monde mystérieusement. Ces deux enfants, à qui on donnait pour père le dieu Mars, abandonnés sur le Tibre, abordèrent au pied du Palatin, furent allaités par une louve et recueillis par un berger. Devenus grands, ils apprirent leur origine et furent conseillés par Numitor d'aller bâtir une ville au bas du mont Palatin. Rome fut ainsi fondée le 21 avril 754 av. J.-C., pendant les fêtes de Palès (de là les Palilies). Remus fut tué et Romulus régna seul.

maison où Tibère vit le jour, la grotte Lupercale [1],

...... *et gelidâ monstrat sub rupe Lupercal* [2],

et près de S. M. Libératrice on a trouvé des tombeaux de Vestales.

Les Lupercales étaient une fête solennelle célébrée par les Vestales [3].

On a encore tiré de l'ensevelissement : les Augures, la villa Mills sur la maison brûlée d'Auguste, le jardin Farnèse du pape Paul III, les bains de Livie, le palais des Flaviens et quelques vestiges du vaste palais de l'infâme Caius Caligula [4], folies pour lesquelles, et pour bien d'autres, il épuisa, en moins d'un an, tous les trésors de Tibère (325.000.000 de francs, dit Suétone). Il fit un pont du Palatin au Capitole, par dessus le temple d'Auguste, invité, disait-il, par Jupiter à aller loger chez lui ; on voit un morceau du parapet de ce pont.

Le *Septizone,* ou mausolée des Antonins, construit par l'empereur Septime, existait au sud-ouest

---

[1] Elle servit, dit-on, de tanière à la louve nourricière de Romulus et de Remus. — [2] Liv. VIII, v. 343. *Énéide.* — [3] L'institution des Vestales est sabine. Elles pouvaient seules être enterrées dans le Pomœrium ; les tombeaux occupaient le bord des grandes routes comme on le verra sur la voie Appienne. Ce n'est qu'au VI° siècle après J.-C. qu'on ensevelit dans Rome, devant l'armée assiégeante de Totila. — [4] Caius Caligula fut enterré dans les jardins de Lamia, dont une partie des constructions viennent d'être découvertes place du Dante (campo Marzo).

du Palatin, et c'est dans un galetas attenant que Titus vint au monde.

César n'alla habiter le Palatin qu'étant grand pontife; avant, il occupait une maisonnette dans la III⁰ région, entre le Forum et Saint-Pierre-ès-Liens, autrefois le quartier des barbiers [1]. Chez les Romains, la *tonstrine* était le foyer de toutes les nouvelles, comme de nos jours.

Drusus mourut sur le *Balantium* et Auguste y naquit, près des « Têtes de bœuf », le 9 des calendes d'octobre, l'an 80 av. J.-C. Cicéron, Sénèque y eurent également leurs demeures. Celui-là dans le quartier *Ceramium;* celui-ci au dessus d'une maison de bains, au milieu de bruits discordants qui retentissaient à ses oreilles, sans le distraire, raconte-t-il.

Pour aller du palais des Césars au Forum, on passe sous l'arc de Titus, élevé sous Vespasien, son père, par le sénat et le peuple romain, en mémoire de ses victoires sur les juifs (destruction de Jérusalem), et on arrive à la voie Sacrée [2], qui elle-même va aboutir au Colisée.

Sur cette large chaussée pavée de basalte, se dressait autrefois l'arc de triomphe de Fabius et

[1] Les barbiers vinrent de Sicile à Rome l'an 454, et ils commencèrent par exercer leur métier en plein air. — [2] La voie Sacrée date de Romulus.

la statue de la Vénus Cloacine [1] (du lat. *cluere,* purger), à l'endroit où les Sabines, s'interposant entre les armes des Tatius et des Romulus, en face de leurs pères et devant leurs époux, les ennemis s'étaient réconciliés et purifiés du sang versé. En reconnaissance de cet acte courageux, on institua les *Matronales.*

Nous rencontrons sur la route une vieille connaissance, dont Sénèque nous a perpétué le souvenir, c'est la borne-fontaine *Meta-Sudans,* où le peuple venait chercher de l'eau et les gladiateurs se désaltérer après le combat.

Le profond philosophe écrivait à son ami Lucilius Junior que, d'où il habite (au dessus des bains), « il entend d'abord le bruit que fait le frictionneur, « un joueur de paume qui compte les points, un « chanteur qui trouve que dans son bain sa voix « a plus de charme, puis les cris d'un pâtissier, d'un « charcutier, d'un brocanteur, d'un forgeron et de « cet autre qui, près de la *Meta-Sudans,* essaie ses « trompettes et ses flûtes, et beugle plutôt qu'il ne « joue. »

Tournant à droite, devant l'amphithéâtre Flavien, nous prenons la voie des triomphateurs, aujourd'hui

---

[1] Certains auteurs prétendent qu'elle était la déesse des égouts; c'est une erreur, celle des égouts était la déesse « Forina. » L'arc de Fabius fut élevé l'an 123 de notre ère après avoir été vainqueur des Allobroges.

San Gregorio, et nous allons voir de près l'arc de triomphe de Constantin, un des mieux conservés, mais déjà de la décadence de l'art.

Les triomphes commencèrent avec Romulus, par des gerbes de blé et des troupeaux que les habitants coururent piller chez leurs voisins, quand ils s'en firent besoin, avec cette idée de conquête et de domination dont ils ne se départirent jamais. Plus tard, il fallut avoir tué cinq mille hommes pour avoir droit au triomphe.

Le vainqueur, en robe prétexte, les joues vermillonnées, une couronne olympique sur la tête et debout sur un char traîné par quatre chevaux blancs de front, suivi de ses soldats entonnant des chants sur le mode phrygien, les enseignes déployées, se montrait solennellement escorté de tous ses lieutenants, en habits de triomphe et couronnés de lauriers, traînant avec eux l'énorme butin de guerre : armes, bagages, chevaux, perles, bijoux, or et argent monnayés, précédés des transfuges et des captifs chargés de chaînes.

La foule se pressait pour le voir et jetait du safran sur son passage. César triompha cinq fois; quatre de ses triomphes eurent lieu dans le même mois.

« Le jour de son triomphe en Gaule, il monta au
« Capitole à la lueur des flambeaux que portaient

« dans des candélabres quarante éléphants ran-
« gés. » Devant lui, marchait Vercingétorix [1].

Un général d'armée arrivait ainsi à l'apogée de sa gloire ; toutes les ambitions étaient satisfaites. Il avait obtenu les honneurs du triomphe ; c'était un demi-dieu !

Contournant le Palatin, nous passons devant le cirque Maxime pour tomber dans le Velabre [2], que la *Cloaca Maxima* [3] a servi à assécher. On y remarque le temple de la Fortune Virile [4], monument tétrastyle, celui de Vesta, périptère à colonnades cannelées, bâti sur l'antre de Cacus, place de la Boccà dellà Verità [5].

Le temple de Vesta, c'est la patrie ! Sur des trépieds d'airain brille la flamme sacrée, entretenue jour et nuit par de pudiques femmes, enfermées dans les longs plis flottants de leur *stola*. La *villa* ceint leur front pur, et le *suffibulum*, espèce de mitre blanche, couronne leur tête virginale.

Plus loin, devant l'île du Tibre, on découvre les ruines du théâtre de Marcellus, construit par Auguste, en l'honneur de ce jeune héros immorta-

---

[1] *Suétone*, chap. XXXVII. — [2] Vient de *Vela*, voiles, parce qu'on pouvait s'y promener à la voile, pendant les inondations du Tibre. — [3] Elle a 2300 ans d'âge et elle existe en partie ; elle fut commencée par Tarquin l'Ancien. — [4] Avait, dit-on, la réputation de dissimuler aux hommes les défauts corporels de leur femme. — [5] Ainsi appelée d'une fontaine voisine où les Romains mettaient la main pour prêter serment.

lisé par Virgile : *Tu Marcellus eris* [1] ; au delà, le portique d'Octavie et le *théâtre de Pompée,* en ligne droite, vià del Pianto.

Plusieurs ponts réunissent l'île du Tibre avec le Velabre d'une part et le Janicule de l'autre. Les immenses jardins que César légua au peuple, dans son testament, s'étendaient au pied du Janicule (XIVe région).

Le Velabre est dans un bas, que les débordements du Tibre rendent par conséquent très malsain.

Revenant sur nos pas, par Sainte-Sabine [2], et traversant le mont Aventin, nous allons sortir par la porte Santa-Paola [3], près de laquelle s'élève la pyramide (tombeau) de Caius Cestius, pour nous diriger ensuite vers les catacombes Saint-Calixte. La voie longe l'église de Saint-Paul et continue jusqu'à Ostie, fondée par Ancus Martius ; mais j'aurai l'occasion de reparler ultérieurement de Saint-Paul hors les murs.

L'Aventin (XIIIe région), doit son nom au tombeau du roi Aventinus, fils d'Hercule. Au sommet du mont se dressait un temple dédié par Camille à Junon Veïentana.

[1] Sa mère, Octavie, sœur d'Auguste, s'évanouit, dit-on, en entendant réciter ces vers, et fit compter au poète 10.000 sesterces par vers. — [2] Sainte-Sabine est sur l'emplacement du temple de Diane, où se réfugia Caius Gracchus, poursuivi par le consul Opinius (121). — [3] C'est près de cette porte que fut trouvé le groupe de Niobé, des Uffizi de Florence.

Les catacombes de Saint-Calixte [1] sont certainement les plus curieuses ; elles occupent un large espace, compris entre la voie précédente et la vià Appià.

Rien de plus sinistre que de parcourir ces vastes souterrains, qui comprennent plusieurs étages en sous-sol, ces interminables couloirs humides qui se coupent à angles droits et s'enchevêtrent les uns dans les autres, avec leurs niches béantes qui s'alignent aussi bien horizontalement que verticalement. Là, la mort à ses casiers, comme les soieries aux magasins du Louvre. C'est d'un rapprochement lugubre !

Des épitaphes et des emblèmes surmontent chaque couche funéraire. Sous les traits d'Orphée, ou du pasteur de Calamis, les premiers chrétiens symbolisaient le Christ ; ils se servaient encore de l'image du poisson [2].

Une mauvaise chandelle à la main, un *ciro* dont on vous gratifie en entrant, éclaire de sa lumière blafarde les corridors étroits, où il faut cheminer l'un derrière l'autre et projette une ombre tremblotante, fantasmagorique, sur tout ce qui nous entoure.

---

[1] Pape martyr (217-222). — [2] En grec, poisson ΙΧΘΥΣ, qui se compose des mots Ἰησους Χριστος Θεοῦ Υιος Σωτηρ, ce qui veut dire : Jésus-Christ fils de Dieu Sauveur ; voilà l'origine de ce symbole.

Le guide, lui-même, tout pacifique qu'il soit, nous fait l'effet du fossoyeur. Pourvu qu'il ne soit pas apoplectique, et qu'il ne nous laisse pas en chemin !

Ce royaume des trépassés n'a décidément rien de gai, mais une porte s'ouvre, Dieu merci ! Nous voilà rendus à la vie, au pays du soleil !

Nous reprenons la voie Appienne avec satisfaction. Il nous semble tout drôle, à nous autres barbares, de rouler sur cette route légendaire, pavée en lave albaine. Ce nom est plein d'écho ! *Regina viarum*, dit un vers de Stace [1].

Construite sous le censeur Appius Cæcus, elle conduisait à Albe-la-Longue et à Capoue, en passant par les Marais-Pontins (pays des Volsques); elle devait aller jusqu'à Brindes, par Bénévent.

Tout le long est bordé de tombeaux.

Les Romains enterraient les leurs en dehors de la ville, sur les routes principales, ici ou sur la voie Flaminienne, pour que les étrangers venant à la ville saluent la cité des morts avant celle des vivants.

Les monuments funèbres de la voie Flaminienne, entre autres ceux de la famille *Gallonia,* ont été démolis par Sixte IV, pour la construction des bastions de la porte.

[1] Stace, poète latin, né à Naples (61-96).

Sur la voie Appienne, on voit le tombeau de Cæcilia Metella, femme de Crassus [1], celui de Senèque plus loin, près de sa villa où il se fit ouvrir les veines dans un bain, et le tumulus des Horaces et des Curiaces, non loin de cette même voie qui leur servit de lice dans un combat *trigéminal,* l'an 667 avant J.-C., sous Tullius Hostilius.

Le seul survivant d'entre les six rentrait à Rome chargé des dépouilles [2] des vaincus, quand il rencontra sa sœur, venant à sa rencontre près de la porte Capène. Horatia, qui, parmi les vêtements lacérés et maculés que portait son frère, avait déjà de loin reconnu celui de son fiancé, ne put à son approche contenir son émotion et fondit en larmes. Lui, enivré de ses exploits et l'âme en courroux de voir un tel désespoir, lorsque la joie est générale, tire son glaive encore fumant de sang et, le brandissant avec fureur, le plonge dans le sein palpitant de la jeune Romaine.

Va dedans les enfers plaindre ton Curiace [3].

Les duumvirs flétrirent cet ignoble fratricide par la flagellation, peine qui fut commuée en celle

---

[1] Marcus Licinius Crassus, patricien romain (116-55). Très-jolies digressions de lord Byron sur le tombeau de Metella, depuis strophe XCIV jusqu'à CV, chant IV de Child Harold. — [2] A l'O. du Forum, on voyait encore du temps d'Auguste la « Pila Horatia », où l'on avait placé comme trophée les dépouilles des Curiaces. — [3] Scène V, acte IV, *Horace.*

du joug, en raison des hauts faits d'armes qu'il avait accomplis. La poutre sous laquelle il passa, quartier des Camènes au bas du mont Cœlius, conserva, jusque sous Tibère, le nom de *tigillum Sororium*, poteau de la Sœur.

La voie Appienne devint plus tard le rendez-vous des promeneurs à cheval et à char.

Exercentur equis domitantque in pulvere currus.

Chevaliers, tribuns, sénateurs et riches patriciens s'y coudoient; vestales et matrones s'y croisent, les unes vêtues de *palagiata,* la *rica* sur les épaules, mollement assises sur de magnifiques *pilenta* [1], les autres allongées sur des litières portées par quatre nerveux Syriens aux bras bronzés.

Voyez-vous, par une belle journée de printemps, sous le soleil qui poudroie, ces courtisanes demi-nues, en légers tissus de Cos, parées de guirlandes de fleurs et parfumées de nard ou de myrrhe, qui passent dans leur bige élégant, conduisant elles-mêmes de fougueux chevaux d'Élide ; toute la jeunesse dorée leur fait brillant cortège et vous les eût appelées par leurs petits noms : Cottina, Thaïs, Spatalè, Philète, Dorpona, Vinnulia, Volupia, Thya, Violantilla, Rhodocella, la fine fleur, en un mot, du haut quartier *Suburra*.

[1] L'invention des chars est attribuée à Erichtonius, roi d'Athènes, (XV· s. avant J.-C.).

Après avoir réintégré la ville par la porte Saint-Sébastien, correspondant à l'ancienne porte Capène (quoique située plus à l'intérieur), on a à sa gauche l'arc de triomphe de Drusus [1], et, du côté opposé, dans une excavation peu profonde, le tombeau des Scipions. Leurs cendres ont été jetées au vent; un des sarcophages a pu être cependant conservé au musée du Vatican. A droite également est un *colombaire,* ainsi appelé de sa ressemblance avec les boulins d'un colombier. Tout autour étaient rangées des urnes cinéraires numérotées, étiquetées, comme les petits bocaux d'une pharmacie.

Près de la porte Capène [2], au bas du Mont-Cœlius, se trouvait la grotte de la nymphe Egérie, fontaine où les Vestales venaient puiser l'eau nécessaire à leur culte, dans des amphores appelées *futile.*

On arrive enfin aux thermes de Caracalla [3], les mieux conservés, les plus vivants, si je puis m'exprimer ainsi.

En entrant, nous cherchons des yeux le *capsarius,* afin de nous débarrasser de notre *pœnula,* et nous mettons la main à la poche pour lui jeter quelques *as* de pourboire.

---

[1] Fut érigé l'an 8 avant J.-C., en l'honneur de Claudius Drusus Germanicus. — [2] Porte Capène ou Fontinalis, où l'on célébrait la fête des Fontinales en l'honneur des Nymphes. — [3] Marcus Aurelius Antoninus Bassianus, empereur romain, né à Lyon (188-217). Caracalla était un surnom qui lui avait été donné parce qu'il portait un grand manteau (*caracalla*) lui descendant jusqu'aux talons.

Mais, pardon de ce moment d'absence ! La pensée est parfois si rapide, qu'on se reporte facilement à une époque quelque reculée qu'elle soit, lorsqu'on est en présence de constructions aussi solides et aussi complètes.

On se rappelle involontairement les actions des Romains, dans les détails les plus intimes de leur vie, et sans réflexion on agit à l'antique.

Voilà pourquoi je me suis imaginé qu'un concierge était toujours là pour recevoir les manteaux des baigneurs.

Les murs sont en pierre ponce rougeâtre, le sol est pavé de mosaïques, marbre et porphyre.

Le péristyle, le *calidarium* [1], le *tepidarium*, le *frigidarium* indiquent surabondamment l'importance qu'avait l'édifice. Le *baptisterium* [2] qui pouvait recevoir plusieurs personnes à la fois, sert maintenant de bassin à l'une des fontaines de la place Navone.

De ces thermes, on a retiré la Vénus Callipyge et le Taureau Farnèse, qui sont venus de Rhodes et sont actuellement au musée de Naples. Chaque jour on arrache à l'oubli de nouvelles merveilles.

En outre de ces grandes laveries publiques où l'on trouvait, en même temps que le bien-être et les soins du corps, des distractions de tous genres, où

---

[1] *Calidarium*, etc., salle chaude, tiède et froide. — [2] Grande baignoire, espèce de piscine.

l'on rencontrait une foule de gens oisifs comme dans les casinos de nos jours, des matrones discrètes vendant des philtres amoureux, il y avait encore celles de Dioclétien [1], en partie détruites, sur le Mont Viminal, dans lesquelles on a placé le tombeau de Salvator Rosa. On y avait transporté la bibliothèque Ulpienne, fondée par Trajan.

Les thermes d'Agrippa existaient derrière son Panthéon.

Ceux de Titus ont été bâtis, vers 80, sur l'emplacement du Palais d'Or de Néron, qui s'élevait lui-même dans les jardins de Mécène [2], depuis le Palatin jusqu'à l'Esquilin.

A la lueur d'une lampe fumeuse emmanchée au bout d'une longue perche que le gardien promène en tous sens, au dessus de nos têtes, nous entrevoyons sous une épaisse couche de noir de fumée les fresques, qui décoraient les voûtes de ce palais jadis somptueux. Elles servirent de modèle à Raphaël, nous dit-il, pour ses belles compositions du Vatican. Ce fut lui qui les déterra le premier, nous raconte t-il toujours, et sans avoir jamais averti personne de sa découverte, il s'y introduisait furtivement, par un trou qu'il avait pratiqué et qu'il rebouchait soigneusement après sa sortie.

La vérité est qu'à cette époque le palais fut mis

---

[1] Elles pouvaient contenir 3,000 baigneurs. — [2] Mécène fut enterré sur l'Esquilin, ainsi que son ami intime Horatius Flaccus.

à jour. Nul doute alors que Raphaël ait été un des premiers à même de voir ces fresques, et s'il est avéré qu'il ne se soit pas fait faute de s'inspirer du travail de ses devanciers, est-ce à dire pour cela qu'un tel génie puisse être entaché de plagiat ?

S'il a pris ces œuvres pour modèle, il les modifia considérablement et elles sortirent de ses doigts comme épurées, passant à l'affinoir de sa capricieuse imagination.

Le palais de Néron n'était composé que de vastes péristyles, salles de marbre et de mosaïques, cabinets de jaspe et d'ivoire resplendissants de pierreries. Tous les maîtres de la Grèce s'y trouvaient réunis. Tableaux d'Apelles, Zeuxis, Pamphile, Protogène, Timomaque ; statues de Scopas, Salpion, Praxitèle, Scyllis, Timothée ; bronzes de Zénodore, Lysippe, Léocharès, Myron, etc. Au XVIe siècle on découvrit le groupe de Laocoon, du palais Farnèse, attribué à Agessandre de Rhodes, qui le fit conjointement avec Polydore et Athénodore.

On raconte que la pièce principale du palais était ronde et qu'elle tournait constamment pour imiter le mouvement orbiculaire du monde. Le plafond de la salle à manger répandait sur les convives, pendant les repas, des fleurs et des eaux de senteur.

Celer fut l'architecte de la maison dorée de

Néron. Othon la fit achever sur un crédit qu'il demanda. Du palais on pouvait se rendre au Colisée sur un pont mobile.

Seul le piédestal de la colossale statue de Néron est encore visible. Elle avait 35 mètres de haut, elle était en platinerie de cuivre et due au sculpteur grec Zénodore. Plus tard, consacrée au Soleil, on retira la tête de l'empereur, qu'on remplaça par celle d'Apollon *Cœlispex*. Procédé fort ingénieux qu'on devrait bien mettre en pratique de nos jours, en France, au lieu de renverser les statues des souverains déchus ainsi que celles des grands hommes, momentanément en disgrâce.

Une tête taillée en cône à sa base, se plaçant et se déplaçant à volonté sur les épaules du patient. Le moyen est très-pratique et tout à fait américain.

Les *busta gallica* où furent inhumés les Gaulois qui vinrent à Rome sous la conduite de Brennus, étaient situés entre le mont Esquilin et le Colisée. Un autre *bustum*[1] célèbre existait sur le Champ-de-Mars (IX⁹ région), au milieu d'un bois de peupliers, à côté du mausolée d'Auguste, au nord et non loin du *Térente,* où se célébraient les Jeux Séculaires. Auguste destinait ce tombeau à être la sépulture de tous les siens, et Marcellus fut le pre-

---

[1] Tout *bustum* ne pouvait être établi qu'à 18 mètres de toute habitation.

mier qui y ait été déposé. Toutefois, il fit une exception pour sa fille, l'impudique Julie, épouse d'Agrippà, de Tibère, qui fut exilée dans l'île de Pandateria [1]. Dans son testament il avait formellement défendu l'entrée de ses cendres.

Les arènes, construites en blocs de travertin dans des proportions gigantesques, mais éventrées, effondrées en maints endroits, bien plus par la cupidité des hommes que par les outrages du temps, conservent, malgré ce délabrement vandale, une apparence imposante qui témoigne éloquemment de leur majesté passée.

Celles de Nîmes ne peuvent leur être comparées, quoique du même siècle; celles-ci sont en granit et tout ce qui tombe de vétusté est enlevé au fur et à mesure et remis à neuf.

Le mot Colisée n'est qu'une corruption de *Colosseum*, parce que ce monument était un colosse ou qu'il était en face d'une colossale statue.

Son véritable nom est Amphithéâtre Flavien, de la famille de Vespasien, qui le fit bâtir sur des plans laissés par Auguste, à la place d'un des lacs du jardin de Néron (l'an 75 av. J.-C.).

Dans ce vaste cirque mille pensées tristes vous obsèdent.

[1] Les îles Planasia et Pandateria, dans la mer Tyrrhénienne, étaient des lieux d'exil pour les Romains. Julie, Agrippine, Octavie y moururent.

Le castase des *Martyrs* de Châteaubriand est tout entier présent à l'esprit et on comprend, comme Michelet, de quelles étreintes la foi chrétienne a dû serrer la croix de bois qui s'élève au milieu lorsqu'apparurent dans cette enceinte les lions et les léopards !

Le pape Benoît XIV [1] a fait placer, le long du *podium,* quatorze petites chapelles représentant les scènes de la Passion, pour sanctifier ce lieu arrosé du sang des martyrs.

Quel silence au milieu de cette carrière mouvante, arénuleuse ! Tout autour, des lignes interrompues, brisées ; des rangs de gradins écroulés, renversés ; des arcades tronquées, démantelées ; çà et là, quelques plantes pariétales, et de rares violiers qui croissent dans les jointures des assises, dont la floraison éclatante semble un contraste de vie et de gaieté au milieu de ce stade abandonné.

> Ici, chaque pierre a son nom,
> Ici, chaque débris sa gloire.
> Je passe, et mes pieds ont foulé
> Dans ce tombeau d'où sortit Rome
> Les restes d'un dieu mutilé
> Ou la poussière d'un grand homme.
> (*Adieux à Rome*. Delavigne.)

Au nombre des douze portes qui s'ouvrent sur la campagne de Rome, et en sus de celles de Saint-

---

[1] Prosper Lambertini, né à Bologne, pape de 1740 à 1758.

Paul et de Saint-Sébastien, déjà citées, il faut mentionner :

La porte Majeure (anc. *Prenestina*), qui doit son nom à la basilique patriarcale de *Santa-Maria Maggiore,* laquelle contient les restes du Bernin. A quelque distance de là est la chapelle Sainte-Bibiane, édifiée sur la tombe de cette martyre (363 de J.-C.).

En dehors de la porte Majeure, on peut être, à bon droit, surpris des libéralités du S. P. Q. R., qui a élevé un tombeau à M. V. Eurysacès, *boulanger de la république,* comme sur la route de Tibur, celui érigé en l'honneur de l'affranchi Pallas, dont Pline ne cesse de blâmer les largesses. (Lettre VI, livre VIII.)

La route conduit à Gabies.

Par la route Tiburtine on se rend à la superbe *Tibur* [1] (Tivoli), chantée par Horace, retraite favorite d'Auguste, d'Adrien, à côté de laquelle était la villa de *Zénobie* [2], la reine captive de Palmyre.

Il faut encore compter les portes Pia et Salara.

La première fut bâtie par Michel-Ange; par là, se presse le monde élégant, les jours de courses aux *Prati Fiscali.*

La seconde, qui remonte à la plus haute anti-

---

[1] Tibur fut fondée par les Sicules. — [2] Fut vaincue et amenée prisonnière par Aurélien.

6.

quité, allait à Fidènes et son nom lui vient du sel que les Sabins y faisaient entrer. Mais les historiens n'ajoutent pas quels droits d'octroi ils avaient à payer [1].

Au delà est la villa Albani. En deçà, et près de l'ancienne porte Colline, sur l'*agger* de Servius Tullius, se trouvait le Champ Scélérat, où l'on enterrait vivantes les vestales qui avaient manqué à leur vœu de chasteté. Ainsi périrent les prêtresses : Pinaria, Oppia, Minucia, Sextilia, Urbinia [2] et Cornelia, cette dernière par l'ordre de Domitien.

Mais pas un caillou ni une touffe d'herbe pour marquer leur place, pour savoir où pleurer sur leur couche refroidie. Horrible doute pour des parents inconsolables !

La coupable descendait dans une fosse, où avait été déposé au préalable, amère ironie ! un peu de pain, d'huile et de lait, comme dernière insulte à l'infortune. On comblait le trou, et le bourreau, le *carnefice,* tassait la terre sur cette morte avant l'heure, sur ce cadavre vivant. Quelle cruelle agonie !

Qu'on aille à Bordeaux, voir, dans le caveau Saint-Michel, le squelette d'un homme supposé avoir été inhumé dans un accès de catalepsie : les

---

[1] L'impôt sur le sel fut créé par Marcus Livius, consul 207 ans av. J.-C., qui fut surnommé pour cette raison, *Salinator*. — [2] A cette époque, Vesta, irritée, frappa les Romaines de stérilité. Ce ne fut qu'après qu'elle fut enterrée et que ses corrupteurs eussent été tués que la déesse s'apaisa.

membres sont contournés, les mains crispées, tout le corps est affreusement contracté. On pourra se faire une idée de cette terrible lutte de l'homme aux prises avec la mort, se débattant convulsivement et cherchant à se cramponner à la vie.

Il faut encore signaler la porte Pinciana et celle du Peuple, anciennement Flumentale, Flaminienne. A côté de cette dernière, et sur les cendres de Néron, s'est élevée au XIe siècle l'église de Santà Marià del Popolo, reconstruite en partie par Pintelli[1]. Carlo Rainaldi a bâti les deux églises qui lui font face, de chaque côté du Corso.

La promenade du Pincio, anciennement Colline des Jardins, est voisine de la porte Flaminia. C'est le parc Monceau de la rue de Rome (similitude de rapports et de nom). On y vient en voiture, et de cet endroit on a le plus beau panorama de la ville tout entière.

Par la porte du Peuple s'enfuirent, pour s'acheminer vers Naples, les habitants de toutes conditions, épouvantés à l'approche des armées victorieuses républicaines, en marche sur Rome depuis Bologne et Ferrare (juin 1796).

La voie Flaminienne mène à la villa Borghèse[2],

---

[1] C'était le tombeau de la famille patricienne *Domitius*, dont il était un des membres. La tombe était de porphyre, l'autel de marbre de Luna, le tout entouré d'une balustrade de marbre de Thasos (Suétone). — [2] Construite sur les plans de J. Vasanzio et les jardins dessinés par Dominique Savino da Monte Pulciano.

et à l'opulente Veïes ; Auguste la fit réparer jusqu'à Rimini. A 1 mille de Rome est le *ponte Molle* (Milvius), où furent capturés les complices de Catilina, dans la nuit du 2 au 3 décembre 63 av. J.-C.

Ad Rubras (Rochers Rouges), 13 kilomètres, la cavalerie de Constantin refoula les troupes ennemies, et Maxence se noya en passant le fleuve (312).

N'oublions pas, en finissant, la porte Angélique, *in Trastevere,* par laquelle s'enfuit le pape Pie VI, le 20 février 1798, se dirigeant en Toscane.

Parmi les vingt anciennes portes, je rappellerai les suivantes : Triomphale, Ratumenne [1], Janualis [2], Fenestella [3], Piacularis [4], Navale [5], Mugonia [6], Esquiline [7], Catulaire [8] et Carmentale.

[1] Ainsi appelée du cocher de ce nom qui fut jeté de son char et dont les chevaux arrivèrent sans guide au Capitole. — [2] Voici ce qu'on rapporte au sujet de son nom : Rome était assiégée par les Sabins, et cette porte, quoique bien fermée, s'ouvrit, parce que, dit Ovide, Junon en avait retiré les serrures. Déjà les Sabins entraient, lorsque Janus fit sortir de son temple des torrents d'eau chaude, qui brûlèrent un grand nombre d'ennemis et mirent les autres en fuite. — [3] Ainsi nommée parce que c'est par là que la Fortune entra par la fenêtre chez Servius Tullius. — [4] Tiré de certains sacrifices (*piaculum*, sacrifice expiatoire). — [5] Près d'un chantier de construction. — [6] Par où entraient les troupeaux de bœufs. — [7] Celle-là menait au Sestertium, à 3 kil., lieu où l'on décapitait et crucifiait. — [8] *Catulaire*, des chiennes rousses que l'on y sacrifiait, dans l'espoir d'apaiser la Canicule. Par la porte Triomphale entraient les triomphateurs, qui traversaient le Velabre, faisaient le tour du cirque Maxime, et montaient au Capitole, après avoir suivi les voies Triomphale et Sacrée.

Cette dernière était ainsi nommée d'un temple voisin, dédié à la nymphe arcadienne Carmenta, mère du roi Evandre, laquelle prédisait l'avenir en vers, *carmen*.

> .... *monstrat et aram*
> *Et Carmentalem romano nomine partam* [1].

En dehors de la porte Carmentale, se trouvait le temple de Janus et de Mars, fondé par Numa, ouvert pendant la guerre, fermé pendant la paix [2].

Le *postmœrium* ou enceinte de Rome fut reculée trois fois ; aujourd'hui elle atteint plus de 20 kilomètres.

Palais particuliers. — Raphaël a élevé les palais : Berti, Vidoni ; Bramante, les palais de la Chancellerie, Giraud aujourd'hui Torlonia, place de Venise, qu'on démolit pour la percée de la rue Nationale, dans laquelle des tranchées ont amené la découverte de superbes mosaïques, qui figureront au musée Capitolin. San Gallo [3] a été l'architecte

---

[1] Liv. VIII, v. 337, 338 (*Énéide*).

[2] *Mos erat Hesperio in Latio*..........
Albanæ coluere sacrum.............
....
Sunt geminæ Belli portæ... (Liv. VII, v. 601, 2, 7, *Énéide*).
D'après les aruspices étrusques, les temples de Mars, Vénus et Vulcain devaient être placés en dehors de la ville (Vitruve). On ouvrait le temple lors d'une guerre, pour que le dieu pût sortir et aller secourir les combattants. — [3] San Gallo, Antonio (1482-1546), a bâti les fortifications de Civita-Vecchia.

du beau palais Farnèse, dont le deuxième étage fut fait par Michel-Ange. Les Peruzzi, les Carrache, les Dominiquin [1], Mignard [2], il Fattore [3], l'ont enrichi de leurs fresques ou de leurs toiles.

Il est habité par le marquis de Noailles, notre ambassadeur auprès du gouvernement italien.

Peruzzi [4] a construit un des plus beaux palais, le palais Massimi ; Maderno [5] a bâti ceux de Mattei, Aldobrandini, Barberini [6], qui fut achevé par le Bernin ; les fresques de la grande salle d'entrée sont de Piétro da Cortone ; Matino Lunghi, le palais Borghèse ; J. A. Rossi [7], le palais Altiéri.

On remarque encore les palais Altoviti, Sachetti, Marucelli, Pamfili, Doria, du duc de Nevers, Zampiéri, Falconiéri, Rinnuccini, du Belvédère, Chigi, Corsini, occupé, en 1797, par l'ambassadeur Joseph Bonaparte ; Santa-Croce, par le commandeur Naldini, ministre plénipotentiaire de S. A. S. le prince Charles III de Monaco, auprès du Vatican.

Le palais de Venise [8] est habité par l'ambassadeur

---

[1] Domenico Zampiéri, dit le Dominiquin, né à Bologne (1581-1641). — [2] Peintre français (1608-1668). — [3] François Penni, dit il Fattore (garçon d'atelier), peintre, né à Florence (1488-1528). — [4] Balthazar Peruzzi, né à Volterre (1481-1536) ; peintre, architecte et ingénieur. Ses fresques, au palais Farnèse, de l'*Histoire de Méduse* sont admirables. — [5] Charles Maderno, né à Bissona (Lombardie), 1556-1629, acheva le palais de Monte Cavallo. — [6] Le prince don Henri Barberini, né le 23 mars 1823, y réside habituellement. — [7] Jean Antoine de Rossi, architecte, né à Rome (1616-1695). — [8] Ce palais fut construit en 1468 par l'architecte

d'Autriche-Hongrie, le baron de Haymerle, accrédité auprès du roi, et le palais Colonnà [1], par le baron Baude, qui vient d'être remplacé dans les mêmes fonctions diplomatiques, auprès du Saint-Siége, par le marquis de Gabriac, ancien secrétaire du duc de Gramont, quand il était au même poste.

Tous ces palais renferment des œuvres des: Passeri, Zuccaro, du Baroche, du Bernin, Cortone, du Poussin [2], des Carrache, Gaspard Dughet [3], Pernio del Vaga [4], Lutti [5], du Lorrain, etc.

A tous ces noms peuvent encore s'ajouter ceux de : Denis Calvaërt [6], Castelli [7], Genga [8], Jordans [9],

---

Francesco di Borgo San Sepolcro, qui mourut dans le château Saint-Ange, enfermé par ordre du pape Paul II. Charles VIII reçut l'hospitalité dans ce palais en 1494. Le gouvernement autrichien l'acquit du pape Pie VII en 1814. — [1] Le palais Colonna fut élevé par le pape Martin V (Othon Colonna). Cette illustre famille doit son nom à un tronçon de la colonne où fut flagellé N. S. J.-C., et rapporté de Jérusalem à Rome par un de ses membres. Vittoria Colonna, la noble amie de Michel-Ange, descend de cette souche. Elle fut mariée au marquis de Pescara, celui qui fit embaumer et transporter en France le corps de Bayard, mort sur le champ de bataille de Romagnana. — [2] Nicolas Poussin (1594-1665), peintre français, habitait à Rome sur le Monte Pincio. — [3] Peintre romain (1613-1675). Ses plus belles fresques sont aux palais Pamfili, Doria, Colonna. — [4] Pierre Buonaccorsi, di Pernio etc., né à Florence (1501-1547). — [5] Il a surtout des œuvres au palais Albani (1666-1724). — [6] Né à Anvers 1555, mort à Bologne 1619. — [7] Bernard Castelli, de Gênes, XVIIe siècle, grava les figures de la *Jérusalem délivrée*. — [8] Famille de peintres et d'architectes des XVe et XVIe siècles. — [9] Ses principaux ouvrages sont à Rome, Florence et Naples.

Maratta [1], Marchione [2], Mola [3], Odazzi [4], Valentin [5], Vanloo, Stradan, Feti [6], etc.

Sur le mont Quirinal (habité par les Sabins ou Quirites, de là Quirinal), s'élève le palais du même nom [7], ancienne résidence d'été des papes, devenue le Palais-Royal. Nous n'avons pu le visiter intérieurement, il était occupé par LL. AA. SS. le prince et la princesse de Piémont : le Roi et la Reine.

Devant le palais s'étend la piazzà Monte Cavallo, ainsi nommée de deux œuvres attribuées à Phidias et à Praxitèle, les *Dompteurs de chevaux*, sortis des thermes [8] de Constantin, lequel les avait fait venir d'Alexandrie.

L'obélisque provient du mausolée d'Auguste.

Pour clore la série des palais, mentionnons, dans le Campo Marzo, celui des Députés, place de Pietrà, près della Colonnà, et celui des Sénateurs ou palais Madame [9], construit sur les plans de Cigoli au XVIIe siècle.

[1] Carlo Maratta, né à Camerino, 140 kilom. de Rome (1625-1713). — [2] Filippo Marchione, architecte, a travaillé aussi à Bologne. — [3] Né dans le Milanais (1621-1666), est de l'école bolonaise. — [4] Peintre, né à Rome (1663-1731). — [5] Jean de Boullongne, dit le Valentin, peintre français (1601-1734), a un tableau à Saint-Pierre. — [6] Dominique Feti, né à Rome (1589-1624). — [7] Le palais du Quirinal fut décoré à l'intérieur sous Innocent X, par Grimaldi. — [8] Les thermes de Constantin sont à deux pas de là, près du palais Rospigliosi. — [9] Ainsi appelé du nom de Marguerite de Parme (1522-1586), qui l'habitait. Fille illégitime de Charles-Quint, elle fut mariée deux fois, à Alexandre de Médicis, et ensuite à Octave Farnèse, duc de Parme.

La rue qui part du Monte Cavallo et va jusqu'à la porte Pià est appelée maintenant : *vià di Venti Settembre*, en souvenir de l'entrée triomphale des troupes italiennes le 20 septembre 1870.

Sur le parcours on rencontre à droite, piazzà degli Termini (de Dioclétien) : la fontaine de l'*Acquà Felice* due à J. Fontana, et plus loin à gauche, les jardins de Salluste [1], au milieu desquels s'élevait un splendide palais qui fut la demeure de plusieurs empereurs romains.

C'est avec le fruit de ses malversations commises en Numidie, quand il fut nommé gouverneur de cette province par César, après la guerre d'Afrique, que Salluste fit étalage de toute cette magnificence, et c'est là qu'il écrivit son ouvrage sur la *Guerre de Jugurtha* (44 ans av. J.-C.).

En descendant du Quirinal, nous avons admiré la superbe fontaine de Trevi [2], représentant le dieu Neptune, debout sur un char emporté par des chevaux marins.

Trois grandes fontaines, du cavalier Bernin, jaillissent de la place Navone ; celle du centre est surmontée d'un obélisque qui faisait l'ornement de la *spina* dans le cirque Maxence, au delà de la

---

[1] Caius Crispus Sallustius, né à Amiternum (85-35.) — [2] Elle est due à Nicolas Salvi, architecte (1699-1751), qui la fit en 1735, sous Clément XII.

porte Saint-Sébastien. Elles sont alimentées ainsi que bien d'autres, celle de Trevi par exemple, par l'aqueduc de l'*Acquà Vergine* ¹, utilisée déjà pour les thermes d'Agrippà. Cette rivière aérienne arrive d'au moins 15 kilomètres, portée sur sept cents arcs de triomphe.

La place Navone ² est bordée de plusieurs édifices: Sainte-Marie de la Paix, refaite par Pierre de Cortone; Sainte-Agnès, bâtie sur les plans de Borromini. On y voit aussi le palais Lancelloti, construit par Pirro Ligorio ³.

Chaque année la foire y tient ses assises charivariques, aux premiers jours de janvier, la *Befana* comme on l'appelle, et les gens de la bonne société, hommes mûrs, femmes jeunes, n'hésitent pas à s'y rendre le soir et à y former des rondeaux pleins d'entrain, au son des fifres et des tambours, au bruit des pelles et des chaudrons. Des lampes à pétrole des baraques de *fantoccini*, reflètent leur lumière incertaine sur ces sarabandes joyeuses et la fête prend alors des airs de bacchanales infernales, comme les Nyctélies des Grecs. C'est très-curieux et tout à fait local.

---

¹ Elle fut ainsi appelée parce qu'une jeune fille la découvrit. Agrippa la recueillit dans le champ de Lucullus, sous son 3ᵉ consulat; elle commença à couler le 9 juin, 29 ans av. J.-C. — ² La place Navone est sur l'emplacement des marais de la Chèvre où périt, dit-on, Romulus, dans une tempête. — ³ Peintre, architecte et antiquaire, né à Naples au XVIᵉ s.

A l'extrémité sud-ouest de ce parallélogramme et le long du palais Braschi, se dresse la statue mutilée de Pasquin qui, du temps jadis, entretenait des colloques épigrammatiques facétieux et très-mordants avec la statue de Marforio, placée près de la prison Mamertine. Plus d'une fois des mécontents voulurent lui faire un mauvais parti, comme au *Manneken* de Bruxelles, ce gentil petit bonhomme si inconvenant, qu'on a cherché à enlever plusieurs fois.

C'est au cou de Pasquin [1] qu'on suspendit un jour cette satire :

Quod non Barbari fecerunt, Barberini fecère;

ce qui voulait dire, plus clairement, que quelques membres de la famille des Barberini étaient accusés d'avoir enlevé des pierres au Colisée. Le Colisée n'était alors qu'une carrière d'où l'on extrayait commodément les matériaux nécessaires à la construction de certains palais : Venise, Farnèse ou autres. Le temple de Diane [2], à Éphèse, une des sept merveilles du monde, eut le même sort ; des architectes byzantins lui firent subir de cruelles mutilations.

Une autre fois, on vit attaché au torse de Pasquin ce reproche piquant, à l'adresse d'Urbain VIII,

---

[1] De là le mot français: pasquinade, raillerie bouffonne. — [2] Ce temple avait été construit par Ctésiphon et Métagène.

qui, en 1642, avait lancé une bulle défendant à ses ouailles de priser dans l'église :

« Vous faites éclater votre puissance contre une feuille que le vent emporte et vous persécutez une paille sèche. »

Les papes Urbain VIII et Innocent X [1] ne se sont pas seulement approvisionnés à l'amphithéâtre Vespasien, car la majeure partie des ornements en bronze du temple d'Agrippa ont été ravis à cette époque.

Voilà comment toutes ces richesses se sont trouvées d'heureux héritages pour les monuments modernes, qui ne sont redevables de leur splendeur qu'aux anciens, qu'ils ont dépossédés sans scrupule et sur les ruines desquels ils se sont assis parés des dépouilles opimes.

Si Gênes a ses Palais, Florence ses Offices, Rome a ses Églises. Mais quelle multitude ! le nombre en est prodigieux, 300 au moins ! Vouloir les énumérer toutes avec ce qu'elles offrent d'incomparable, serait une œuvre de patience qui dépasserait mes forces. Je serai donc laconique autant que possible. Voici d'abord :

San Apostoli [2], près du Corso, où fut provisoirement inhumé Michel-Ange avant d'être trans-

---

[1] Le pape Urbain (de 1623 à 1644) était Mathieu Barberini. Innocent (pape de 1644 à 1655). — [2] Michel-Ange habitait tout près de cette église, au pied du Monte Cavallo.

porté à Florence, et, rive droite, Sant'Onofrio [1], renfermant le tombeau du Tasse ; dans le couvent voisin, on vous montre la chambre qu'il habitait dans les dernières années de sa vie. Puis Santa Maria della Pace (près de la piazzà Navonà), admirable par les Sibylles de Raphaël qui la décorent (1514), et Saint-Pierre in Vincoli (non loin des thermes de Titus), appelé aussi Basilique Eudoxienne [2] ; reconstruite par Pintelli, elle fut consacrée en 1539. Vingt colonnes doriques la divisent en trois nefs. Dans le transept de droite on admire le Moïse de Michel-Ange (1550), colossale statue, en marbre blanc, trop grande pour la place qu'elle occupe. Du reste elle était primitivement destinée à figurer dans la basilique de Saint-Pierre ainsi que le tombeau du pape Jules II qu'elle surmonte. Elle est écrasée ici, l'œuvre ne se sent pas à l'aise.

De là nous sommes allés à Saint-Jean de Latran [3], ancien palais de Lateranus Plautius, qui, compris au nombre des conspirateurs comme Sénèque, fut tué sur l'ordre de Néron.

Basilique d'or, la première de la catholicité, donnée au pape Melchiade par Constantin après

[1] Sant'Onofrio, anachorète égyptien. Le couvent voisin est de l'ordre de Saint-Jérôme, on y voit les débris d'un chêne foudroyé en 1842, à l'ombre duquel le Tasse aimait s'asseoir. — [2] Du nom de la femme de Valentinien III, qui la fit construire au V⁰ siècle. — [3] A la station quadragésimale, on y expose les têtes de saint Pierre et de saint Paul, et la table sur laquelle eut lieu la Cène.

le fameux édit de Milan, mais rebâtie par J. Fontana.

Architecture grandiose, larges voûtes reposant sur des piliers robustes, magnifiques tombeaux de papes, chapelle en marbre et or massif du plus beau travail, statue énorme de Constantin trouvée dans ses thermes.

L'obélisque du Soleil, venu de Thèbes, décore la place de la basilique Constantinienne. Par la porte San-Giovanni (ancienne voie Latine) eut lieu le départ de Pie IX, connu sous le nom de fuite de Gaëte (1850).

Les Cappuccini, ou S. M. dellà Concezione (quartier des jardins de Salluste), diffèrent des autres par une originale disposition, où l'étrangeté du fait supplée à l'art, où le dégoût vient bientôt faire place à l'admiration.

Des caveaux pratiqués sous les dalles de l'église, servent de sépulture aux capucins d'un monastère attenant.

Cinq ou six salles se succèdent, tapissées d'ossements de bas en haut avec des grottes formées de tibias, dans lesquelles les religieux sont allongés, revêtus de leur robe de bure.

Au centre de cet océan de débris humains, s'élèvent des pyramides de crânes et se balancent tristement aux plafonds des suspensions composées de vertèbres.

Une descente dans les profondeurs de Saint-Calixte vous glace d'effroi, mais une promenade à travers ces chambrées mortuaires vous ossifie littéralement.

Il y a encore les basiliques patriarcales de Sainte-Croix-de-Jérusalem [1] et de Saint-Laurent extrà muros, où Pie IX a, dans son testament, formé le vœu d'être inhumé : « Mon corps, devenu cadavre, sera ensevelí dans l'église de Saint-Laurent hors les murs..... » et il y dicte lui-même son épitaphe : « Sur une plaque de marbre sera gravée cette inscription :

> OSSA ET CINERES PII P. IX.
> SUM. PONT. VIXIT AN....
> IN PONTIFICATU AN....
> ORATE PRO EO. »

Saint-Paul hors les murs et Saint-Pierre *in Vaticano* ne peuvent mieux clore cette longue série des monuments de la Renaissance ; toutefois, Saint-Paul, incendié, ne fut reconstruit qu'au commencement de ce siècle, et inauguré en 1827.

Saint-Paul est situé au delà du Mont Aventin, sur la route d'Ostie, à deux kilomètres environ des remparts de la ville.

---

[1] Fut érigée par sainte Hélène, mère de Constantin. L'église fut refaite au XVIII siècle.

Dès qu'on a pénétré à l'intérieur, la surprise est aussi grande qu'inattendue, car rien au dehors ne décèle les mines de pierres précieuses qu'elle réserve à ses visiteurs fortunés. Une forêt de colonnettes en marbre violet soutiennent cinq nefs, autour desquelles court sur la frise les médaillons en *mosaïques* de tous les papes de la chrétienté, depuis saint Pierre jusqu'à nos jours, environ 260.

Le baldaquin du maître-autel est supporté par quatre admirables torsades en albâtre oriental, cadeau du vice-roi d'Egypte. Aux extrémités du transept sont deux autels en malachite donnés par le czar.

Nous voilà maintenant transportés dans la *cité Léonine* [1], devant cette majestueuse coupole qui semble flotter dans l'espace comme un aérostat captif.

Deux fontaines, de chaque côté d'un obélisque de syénite rose [2], occupent le centre d'une place ellipsoïde, qu'entoure une quadruple rangée de colonnes en granit.

Cet encadrement semi-circulaire est du Bernin. Le monolithe fut dressé sous Sixte-Quint, par

---

[1] Quartier ainsi appelé du pape Léon IV. qui le fit remparer au IX⁰ siècle. Il fut encore fortifié plus tard par le général Serbelloni, né à Milan (1508-1580). — [2] Les obélisques en granit rose ont tous été tirés de la même carrière, celle de Syène, en Égypte. Celui-ci a été rapporté par Caligula.

l'habile ingénieur et architecte Domenico Fontana, qui a également mâté ceux de la place du Peuple, de Sainte-Marie Majeure et de Saint-Jean de Latran.

L'aspect général de cette esplanade est imposant.

L'effet est plus saisissant encore lorsque, arrivé au parvis [1], on se retourne brusquement.

La Basilique Métropolitaine n'est pas l'œuvre d'un jour, comme bien l'on pense.

Bramante [2] en jeta les premiers fondements sous le pape Jules II, le 18 avril 1506; Raphaël [3], son compatriote, son neveu et son élève en architecture, Baldassarre Peruzzi, Antonio San-Gallo, Michel-Ange [4], Vignole [5], furent successivement chargés de la direction de ses travaux. Le soin en est aujourd'hui confié à l'architecte Vespignani.

Le modèle de la coupole fut fait en 1558 et exécuté en 1580 par Michel-Ange et Vignole. Zaccopo dellà Portà, aidé de Fontana, l'achevèrent en 1590.

Carlo Maderno [6] fit le frontispice. Parmi les

---

[1] Tout le monde croyait que la fin du monde arriverait l'an 1000. De cette époque date la coutume de placer l'image du paradis au dessus du portail des églises; de là le nom de *parvisium*, parvis, donné à l'aire du portail. — [2] Donato Lazzari, dit le Bramante, né à Urbin (1444-1514), très-célèbre architecte. — [3] Raphaël, nommé architecte de Saint-Pierre, six ans après son arrivée à Rome, par bref du pape Léon X, 1ᵉʳ août 1514. — [4] Michel-Ange fut nommé architecte par un bref de Paul III le 1ᵉʳ janvier 1547. — [5] Jacques Barozzio, dit le Vignole, célèbre architecte, né à Vignola (1507-1573). — [6] Carlo Maderno fut nommé successeur de Michel-Ange par Paul V.

7.

autres architectes de Saint-Pierre, il faut encore nommer: le Bernin, Mathias Rossi, son élève, Vanvitelli[1], etc.

Une magnifique porte en bronze accède sous un portique orné des statues équestres de Charlemagne, de Constantin par le Bernin.

Les lignes hardies de cette admirable conception nous laissent véritablement confondus. Les plus simples ornements sont des merveilles. Le plus ordinaire bénitier, de loin sans apparence, est un chef-d'œuvre lorsqu'on s'en approche; des anges aussi grands que nature supportent le bassin lustral.

Couverte de dorure, enrichie de mosaïques[2] et de fresques, plaquée de marbre depuis les dalles comprises jusqu'aux voussures, à caissons en stuc[3] doré, ce qui serait profusion pour toute autre est en parfaite harmonie céans, grâce à ses proportions colossales.

Dans la nef latérale du midi: sépulcre des Stuarts, *Transfiguration* de Raphaël, et tombeau provisoire des derniers papes morts, qui viennent se relever comme les factionnaires du souverain temple. C'est dans ce sarcophage que sommeillait

[1] Luigi Vanvitelli, né à Naples (1700-1773), célèbre architecte, fils du peintre hollandais Gaspard Van Wittel, prit pour son nom la terminaison italienne. Il avait vingt-six ans quand il fut nommé architecte de Saint-Pierre. — [2] Mosaïques de Joseph Pin et de Lanfranc. — [3] Découverte attribuée à Jean d'Udine, XVIe s.

Grégoire XVI, depuis tantôt 32 ans. Pie IX y restera jusqu'au moment où il faudra songer à donner un successeur au nouvel élu, Léon XIII.

Dans la nef septentrionale : tombeau de la comtesse Mathilde [1] et de Christine de Suède [2], la *Pietà* de Michel-Ange, la seule statue qui porte sa signature.

A droite et à gauche dans les bas-côtés, nombreux mausolées de pontifes.

Au fond de l'abside, tribune et chaire de Saint-Pierre, renfermant le premier siége épiscopal.

Au milieu de la nef transversale est le maître-autel, tourné vers l'orient suivant l'antique coutume. Quatre colonnes torses supportent un baldaquin en bronze, au chatoiement de l'or, œuvre du Bernin ; le métal provient du Panthéon. Le groupe des enfants qui accompagnent les torsades est de Duquesnoy [3].

Devant, s'ouvre en hémicycle la Confession de saint Pierre, contenant le Saint Suaire et le corps du prince des Apôtres.

Tout autour de cet en-feu, brûlent perpétuellement des lampes d'or finement ciselées.

A l'un des piliers géants, qui servent de points

---

[1] Héritière de Toscane, morte en 1115. Voir au chap. VII. — [2] Succéda à son père Gustave-Adolphe en 1632 (1626-1689), et fit assassiner son favori Monaldeschi, en France, au château de Fontainebleau. — [3] François Duquesnoy, connu sous le nom de François Flamand, né à Bruxelles (1594-1646).

d'appui à ses voûtes aériennes, est adossé saint Pierre, statue ¹ coulée en bronze, qui présente un singulier phénomène d'effritement : l'orteil droit est complétement usé par les baisers des fidèles.

Deux portes intérieures correspondent privativement avec le Vatican. Or, pour le commun des mortels, il faut ressortir de la basilique, se diriger obliquement à gauche et entrer au Vatican par le *portone di Bronzo*, qui est sous la garde d'un poste de carabiniers.

On rencontre les Gardes-Suisses de service de ci de là dans les couloirs.

Garde-Suisse, vieux nom qui s'est perpétué, mais qui ne veut nullement dire que les trabans du Palais Apostolique soient uniquement recrutés dans le pays de l'Helvétie plutôt que dans tout autre.

Cette légion est composée de volontaires de différentes nations. Ils ressemblent à ces hallebardiers du moyen âge, casque en tête, pertuisane au poing. Leur costume paraît aussi avoir été taillé sur le même patron ; il y entre des couleurs noires, rouges, jaunes; un gros bouillonné leur fait collerette.

La garde d'honneur ou garde noble est exclusivement formée de gentilshommes romains, ayant

---

¹ On prétend que c'est une ancienne statue d'empereur romain transformée.

figuré pour la plupart dans les rangs des zouaves pontificaux (ils ne sont guère que cinquante); leur costume rappelle celui des gardes du corps de Louis XVIII.

Les *Guardie Palatine* sont au nombre de quatre cent soixante.

La première construction du Vatican [1] est attribuée à Constantin. Eugène III [2] le rebâtit vers le XI° siècle ; Nicolas V [3] l'a fait à peu près tel qu'il est et plusieurs papes l'ont embelli tour à tour.

Presque tous les architectes de la Basilique ont contribué à l'achèvement du palais papal ; la façade sur la place est de Jean Fontana.

Extérieurement, il ne présente aucun cachet architectural, mais il possède au dedans, en sculpture et en peinture, les plus belles collections de l'Europe. Le monde entier lui envie notamment ses sublimes compositions de la *Chapelle Sixtine*, des *Loges*, des *Stanze*. Il faut une permission du majordome, *rilasciata gratis*, pour les visiter.

Les élèves de Raphaël : Jules Romain, Penni, Pernio del Vaga, Angelico, le Perugin, Signorelli, della Francescà, ainsi que Paul Bril [4], ont travaillé

---

[1] On fait venir le nom de Vatican d'un dieu qui y rendait ses oracles. — [2] Né à Pise, pape de 1145 à 1153; excita à la deuxième croisade. — [3] Né d'une famille obscure de Sarzanne, pape de 1447 à 1455, fonda la bibliothèque Vaticane. — [4] Peintre du XVII° siècle.

aux Loges. Les arabesques sont particulièrement du Sanzio, qui les fit avec l'aide de Jean d'Udine (1514) et dont il s'inspira, comme on sait, dans les thermes de Titus.

A propos de ce grand maître de l'école romaine, rappelons ici les caractères prédominants de la dite école : goût inspiré de l'antique, style élégant, poétique, bizarre quelquefois.

On arrive aux Stanze, qui comprennent la salle de la *Signature,* 1508 à 1511, et celle d'*Héliodore,* exécutée de 1512 à 1514. La Signature est surtout remarquable par ses fresques, représentant la *Dispute du Saint-Sacrement*, peinte en 1509 ; la chambre d'Héliodore, par le *Miracle de Bolsène* [1], où apparaît pour la première fois dans les œuvres de l'Urbinate, sa maîtresse : *la Fornarina*, vue de dos [2].

Pendant que celui-ci s'occupe de ses Chambres, Michel-Ange est plongé dans ses travaux de la chapelle Sixtine [3].

---

[1] *Bolsena,* anc. ville étrusque, autrefois Vulsinies. Voici ce qu'on raconte : Un jour, non loin d'Orviéto, près du lac de Bolsena, un prêtre était à l'autel et offrait le Saint-Sacrifice. Tout à coup il aperçoit une goutte de sang sur le corporal. Effrayé, il veut cacher l'empreinte de l'hostie, mais elle reparaît encore. Le prêtre avait douté de la présence réelle. Pour expier ce sacrilège, une fête fut instituée en 1624 par Urbain IV : c'est la solennité du *Corpus Domini* ou de la Fête-Dieu. — [2] La Fornarina (la boulangère) habitait le n° 20 de la via S.-Dorotea ; tandis que son *graziosissimo amante* occupait un palais bâti par Bramante, où il menait joyeuse vie. — [3] Bâtie par Pintelli sous Sixte IV, de là son nom de Sixtine.

Le *Jugement dernier* forme le fond de la salle, tandis que les peintures murales sont de : Signorelli, Botticelli, Rosselli, le Pérugin, le Ghirlandajo, Polydore, etc.

Le plafond fut commencé le 10 mai 1508 ; la première moitié fut finie le 1ᵉʳ novembre 1509, et la seconde en 1512. Quant au *Jugement dernier*, il ne fut terminé qu'en 1541.

Le custode nous indique dans un coin à droite cette figure traditionnelle, avec des oreilles d'âne, du maître des cérémonies de Paul III : *Biagio da Cesena,* peint sous les traits de Minos par Michel-Ange, qui lui accrocha ces appendices asines parce qu'il avait osé critiquer présomptueusement son travail.

Paul IV, trouvant trop de nudités aux personnages, se décida à les faire habiller. Son choix tomba sur Daniel de Volterre [1], *il Braghettone,* qui conserva depuis ce sobriquet de culottier.

Une explosion à la poudrière de la forteresse Saint-Ange, le 28 juin 1797, altéra ces fresques; d'autres édifices furent ruinés et on eut même à déplorer la mort de beaucoup de personnes.

Le dépouillement du scrutin pour l'élection du nouveau pape, Léon XIII, fut fait dans la chapelle Sixtine. C'est de là que s'échappait *la fumata,*

[1] Daniel Ricciarelli, ou D. de Volterre, sculpteur et peintre, né à Volterra (1509-1566).

qu'on avait vue la veille du milieu de la place Saint-Pierre.

Le plafond de la chapelle Pauline [1] a été commencé par Buonarotti et fini par Zuccaro.

Ne quittons pas les galeries vaticanes sans attirer l'attention sur : l'*Apollon* du Belvédère, sculpté par Apollonius, [2] le groupe de *Laocoon*, les *Noces Aldobrandines* datant du siècle d'Auguste, le sarcophage en domite d'un des Scipions, etc. La bibliothèque remonte à saint Hilaire, 465 ; les fresques sont du Pinturrichio.

Le grand jour est venu......... Dans une heure nous allons être reçus en audience particulière par Sa Sainteté Pie IX [3].

Après les premières démarches d'usage tentées sans succès auprès de l'Ambassade de France, il a fallu avoir recours à la recommandation obligeante d'une personne notable de la ville, pour obtenir la faveur que nous sollicitions avec tant d'instance. Notre bonne mine et notre qualité de Français n'étant pas, paraît-il, des conditions re-

---

[1] Du nom de Paul III, qui la fit construire. — [2] Apollonius de Rhodes, 200 ans av. J.-C. — [3] Le mot pape vient du grec παππας, père (père de l'Eglise). Les papes une fois élus changent de nom ; cette coutume remonte seulement à Adrien III (IX° siècle). Pie IX, Jean-Marie, de la maison comtale Mastai Feretti, né à Sinigaglia, le 13 mai 1792, nommé archevêque en 1827, cardinal en 1840, élu pape le 16 juin 1846, et mort le 7 février 1878, à 5 h. 47 min. du soir.

connues suffisantes pour déroger à cette formalité indispensable.

Grâce à l'affabilité et à l'empressement d'un grand banquier de Rome, Mr C..., tous les obstacles furent bientôt levés et le placet nous était délivré.

Avant midi nous nous présentions au Vatican, en tenue officielle : habit noir et cravate blanche mais sans gants, je précise cette particularité. Les dames doivent porter une robe noire et le voile à la vénitienne.

Une confrérie d'hommes, envoyée en députation auprès du Saint-Père, fit irruption avec nous dans la Scala Regia. On nous fit suivre de nombreux corridors, passer dans une suite de galeries, entrer dans une salle d'audience, puis dans une autre plus petite, où nous restâmes seuls en compagnie de deux prêtres italiens.

Notre attente fut de courte durée. Nous fîmes la génuflexion d'usage et je restais là, immobile quelques secondes, cloué sur le parquet dans une anxiété fébrile. Il y a de ces moments dans la vie qu'on n'oublie pas ; le cœur bat, le sang afflue à la tête, l'émotion vous électrise.

Un silence solennel se fit tout à coup et le vénérable pontife tout vêtu de blanc entra, précédé et suivi de prélats, de camériers et de gardes nobles. Il vint à nous et dans une paternelle allocution il nous demanda de quel pays nous étions.

« Français et Bretons », lui répondîmes-nous. Cette réplique parut le faire sourire.

Il nous adressa encore quelques paroles bienveillantes, puis vint le baise-main [1].

Après nous avoir donné la bénédiction apostolique, l'auguste vieillard passa dans les Loges où le groupe de pèlerins l'attendait pour lui lire une adresse de constant dévouement.

Tel est le récit de cette trop courte visite, aussi simple qu'édifiante.

Pie IX avait la répartie vive et spirituelle, le mot toujours pour rire. Les historiettes aussi ne manquent pas, et on en a reproduit de toutes sortes, plus ou moins convenables, plus ou moins authentiques. Les journaux s'en sont emparés avec trop d'avidité et les ont souvent servies à leur sauce.

Voici un dialogue que j'emprunte à un journal d'Italie, entre le Saint-Père et un étudiant de province auquel il demandait ce qu'il était venu voir à Rome.

— Les funérailles du roi Victor-Emmanuel, répondit le carabin.

---

[1] Le pape Léon XIII vient, dit-on, de remettre en usage le baise-mule. Léon XIII (Gioachino Pecci), né le 2 mars 1810, archevêque en 1843, cardinal le 13 décembre 1853, exalté pape le 20 février 1878, à midi. Les armes des Pecci sont: *Un cyprès en champ d'azur, barré d'argent, marqué de deux fleurs de lys en pointe et d'une comète en chef*. Cette comète semblerait confirmer la prophétie de Malachie, qui avait désigné le successeur de Pie IX (lui-même: *Crux de Cruce*) par *Lumen in cælo*.

— Bravo ! bien ! bien ! Quoi encore ?
— Les antiquités de Rome.
— Alors, reprit Pie IX, c'est pour cette raison que vous êtes venu me voir.

Mon compagnon de voyage s'appuyait, à l'audience, sur une canne dont il ne se dessaisit jamais.

Le Saint-Père, s'approchant de lui, prit le jonc et l'élevant à la hauteur du sien, comme pour le mesurer.

— Un peu trop court, dit-il, c'est dommage.

En peu de temps, le jour même, nous avions rejoint la gare et pris le train pour Naples, emportant de Rome d'ineffaçables souvenirs sur notre réception au Vatican.

Nos impressions sur la ville tout entière ont été cent fois meilleures au départ qu'à l'arrivée. A cela rien d'étonnant.

Rome n'est pas la ville moderne, aux grandes percées, aux larges voies aérées, aux longs boulevards plantés d'arbres ; elle ne subjugue pas à première vue. Les rues sont généralement étroites et sinueuses au contraire, humides souvent, sales plus souvent encore, et les palais sont mal entretenus. La *mal'aria* est une triste conséquence de ces négligences ; elle y règne à l'état chronique.

Ses effluves endémiques se développent surtout

aux changements de saison; au printemps et à l'automne, après les débordements du *Tevere*, après la sécheresse des marais excentriques.

A ces époques de l'année, les ravages se portent jusque dans le cœur de la cité.

Mais, au bout de quelques jours, lorsqu'on s'est identifié davantage avec la *Roma Romanorum*, lorsqu'on a fait plus ample connaissance avec ses vieux débris de la République et de l'Empire, qu'on a relevé les monuments confondus dans la poussière à la place qu'ils avaient occupée ; qu'enfin, faisant appel à l'histoire, on repasse les actions, grandes ou petites, des nourrissons de Romulus, un attachement invincible et subit s'empare de vous pour la puissante *Valentia*.

Si l'on monte au Capitole ou si l'on descend au Forum avec une bonne provision de souvenirs littéraires, la patrie des Césars se lève tout à coup devant vous comme dans une apothéose, et vous la revoyez telle qu'elle était aux temps de sa splendeur, durant le siècle d'or d'Auguste, ou bien encore sous les Antonins.

Quand on quitte Rome, on peut dire qu'on part avec des regrets cuisants qu'on n'éprouve nulle part.

Les *Guides* Johanne, ces bons conseillers de poche, mettent du reste obligeamment les voyageurs en garde, contre les idées hypocondriaques et les déceptions éphémères dont ils pourraient être pris.

Dans un compartiment, au complet, avec des Russes, des Italiens, des Anglais *for ever*, au milieu de ce brouhaha hétéroclite où la conversation babylonienne ne pouvait avoir pour nous aucun charme, je m'estimais très-heureux d'avoir pris possession d'une portière. De ce coin, mes regards purent longtemps se porter vers cette « Niobé des nations », jusqu'à ce que son ombre eût disparu.

Les Sabines, noyées dans un bain de pourpre, se perdent dans le lointain. Les aqueducs enjambent à pas de géants cette campagne de Rome, à laquelle ils donnaient de leur fraîcheur, mais qu'arrosent aujourd'hui de leur sueur des bataillons de femmes penchées sur la glèbe, à l'exemple des Vestales romaines, mais en dépit de leurs maris nonchalants.

Est-ce insouciance, est-ce paresse? Est-ce fierté ou mépris? Voilà ce qu'il en reste de ce peuple de laboureurs, qui laisse faire les travaux des champs par la plus belle moitié du genre humain !

A une demi-heure de la Ville de la Force [1] se présente la bifurcation de Marino pour Frascati [2],

---

[1] Rome, en grec ρωμη, ou en latin *ralens, entis*, veut dire force. —
[2] C'est près de là, sur la pente de Grotta Ferrata, et non loin de la

l'ancienne *Tusculum*, renommée par ses figues, dont Auguste, le *philosuque*, était très-friand; recherchée par ses charmantes villas, aussi nombreuses de nos jours que du temps des empereurs. Ce fut là, dans son cottage de prédilection, à la place du monastère Saint-Nil, que Cicéron dicta ses *Tusculanes*. Pline le Jeune y eut une maison de plaisance.

On rencontre Castel-Gandolfo, la seule propriété laissée à la papauté, ainsi qu'Albano [1], près du lac de même nom et en face de la position qu'occupait Albe-la-Longue [2].

D'un pays plat nous tombons dans un autre, d'autant plus accidenté et plus pittoresque qu'on atteint Velletri, Ceccano, patrie de feu le cardinal Antonelli, Ceprano, pays de brigands.

On aperçoit la célèbre abbaye du Mont-Cassin, sur un piton chauve, puis on passe à Capoue, la *sensuelle Capoue* [3] et à Caserte [4], d'où on aperçoit

villa des Borghèse, que Messaline, sœur d'Auguste, fut tuée dans les jardins de Lucullus, qu'elle s'était appropriés. A l'est de Frascati, on place le lac Régille, où Castor et Pollux assurèrent la victoire aux Romains, 496 av. J.-C. Après la destruction de Tusculum, les habitants se firent des huttes avec des branches fraîches, *frasche*, de là son nom. — [1] Sur l'emplacement d'une villa de Pompée. — [2] Albe fut bâtie 300 ans avant la fondation de Rome. — [3] Au VIII° siècle avant notre ère, les Etrusques construisirent Vulturne, que les Samnites appelèrent Capoue, de Capys son fondateur, vers 423. — [4] Entre Caserte et Bénevent se trouvent les *Fourches Caudines* (mont Taburnus).

le palais imposant de Charles III, construit par Vanvitelli.

Depuis longtemps déjà, l'aspect de l'Apennin méridional a sensiblement changé. C'est un véritable chapelet de collines dénudées, que nous égrenons avec la rapidité de l'éclair, et qui se transforment en de véritables monts, dont les cimes perdues jusque dans les nuages ressemblent à des volcans éteints avec leurs versants, tantôt gris et rocheux, tantôt noirs et arides ou couverts d'une faible végétation.

CHAPITRE VI

CHAPITRE VI

NAPLES. La Chiaja. Sainte-Lucie. Le Corricolo. Lazzaroni. San Carlo. Musée National. Panorama de Naples. Grotte de Pausilippe et tombeau de Virgile. Les Champs Phlégréens. — POMPÉI ET LE VÉSUVE.

L'Erèbe et la Nuit ont jeté sur nous leur grand voile sombre, pailleté d'or.

De noirs fantômes glissent le long des vasistas, disparaissent, renaissent, passent et s'entre-croisent comme des ombres chinoises. Nous regardons de tous nos yeux, mais il est impossible de rien distinguer au dehors; nous roulons dans l'obscurité.

L'horizon au contraire s'illumine. Une pâle lueur rouge inonde l'atmosphère et monte vers le ciel étoilé ; l'embrasement augmente à mesure qu'on approche. Soudain, à l'un des brusques détours de la voie ferrée, apparaît une épaisse colonne de feu, c'est le Vésuve ! le phare naturel de la belle cité Parthénopéenne [1], qui, avec son contingent annuel d'étrangers, ne compte pas moins de 600.000 habitants, formant un mélange hétérogène, actif et bruyant.

Dans la *vià di Tolede,* la plus mouvementée de toutes les rues, la cohue est assourdissante, l'agitation fiévreuse ; on se coudoie, se heurte, se bouscule et s'écrase avec ensemble sans s'arrêter un instant pour cela, ni songer à s'en offenser.

De 4 à 6 heures, la Chiaja devient quotidiennement la promenade à la mode, des piétons, des amateurs de chevaux et de voitures. Chacun y a son turf réservé, et cette immense voie se prolonge ainsi jusqu'à la grotte de Pausilippe.

Une longue rangée d'hôtels luxueux borde la Chiaja d'un côté, la façade tournée vers la mer, au midi.

---

[1] Bâtie sur le tombeau de la sirène Parthénope, qui se précipita dans la mer, de désespoir de n'avoir pu séduire Ulysse. Naples vient de Neapolis (νεα, nouvelle, πολις, ville) et s'éleva sur l'ancienne Paleopolis, fondée par les Doriens de Rhodes. Les plus vieux habitants de la Campanie, de race pélasgique, se nommaient Opiques. Vers l'an 600 av. J.-C., les Etrusques s'en emparèrent. Les Romains en firent une ville de plaisir vers 327 av. J.-C.

Au milieu, est la chaussée affectée aux attelages et l'allée poussiéreuse destinée aux cavaliers; puis, pour les promeneurs à pied, un délicieux jardin planté d'arbres de toutes essences, baigné par la mer Tyrrhénienne, où cent balancelles légères s'élèvent, s'abaissent, tanguent doucement et s'agitent aux moindres fluctuations de l'onde.

L'haleine rafraîchissante du large vient murmurer à vos oreilles quelques rêveries sereines, que le pêcheur napolitain fredonne mélancoliquement : l'hymne à *sainte Lucie*, qu'il chantera surtout le soir, en allant tendre ses filets.

Sul mare lucica
L'astro d'argento,
Placida è l'onda,
Prospero è il vento.
Venite all'agile,
Barchetta mia.
 Santa Lucia !
 Santa Lucia !

Mare si placido,
Vento si caro,
Scordar fa i triboli
Al marinaro,
E va gridando
Con allegrio :
 Santa Lucia !
 Santa Lucia !

O dolce Napoli,
O suol beato,
Ove sorridere
Volle il Creato.
Tu sei l'impero
Dell' armonia !
 Santa Lucia!
 Santa Lucia!

8.

Je me dispense d'en donner la traduction ; l'intelligence en est facile, et changer les mots serait changer l'heureuse cadence des vers.

La musique est accentuée, brillante et mélodieuse.

Ici, les chevaux bien enharnachés sont inconnus, les équipages corrects, comme ceux de Florence, se font rares, mais en revanche les vilains ne manquent pas. Dans nulle autre ville de l'antique Hespérie je n'ai vu autant de fiacres, de *carrozelle*. A peine est-on sur la voie publique qu'on se voit assailli par une sixaine au moins qui fond directement sur vous, au risque de vous écraser si vous n'avez eu la précaution de sauter sur le plus proche trottoir.

La course se paie 0,60 c., et malgré un tarif aussi réduit les cochers pullulent. Il paraît que l'avoine n'est pas chère ; mais, j'ai des raisons de croire que les pauvres bêtes sont aussi sobres que leurs maîtres sont violents, matamores et vrais rodomonts.

On a plus d'une fois maille à partir avec ces automédons grincheux.

Je me rappelle un drôle de cette espèce, qui ne voulut pas accepter un billet de Un franc, pour prix d'une course de l'hôtel au café de l'Europe, sous prétexte qu'il n'était pas bon.

En Italie, les espèces sonnantes font défaut. Les

valeurs courantes sont le papier, papier émis par la Banque Nationale jusqu'à concurrence minima de *Duo lire*. Ce qui fait que chaque ville a fait elle-même émission de coupures de 0,50 c. et de 1 franc, qui n'ont cours intrinsèquement que dans chacun des endroits où ils ont été fabriqués.

De là surviennent pour les étrangers qui, comme nous, ne sont qu'à la passade, des embarras et des ennuis continuels.

Le billet de *Una lira* que nous lui avions donné en paiement était de Rome. Sans doute, il n'avait pas à Naples la même valeur, mais ce cocher pouvait en opérer le change moyennant 0,10 c., ce qui lui laissait un pourboire de 0,30 c.; rétribution fort honnête à mon avis pour une course de cinq minutes.

Nous parlementâmes assez longtemps, mais en vain, nos pourparlers tournèrent en dispute et nous nous vîmes bientôt englobés dans un cercle de badauds. L'occasion nous paraissant bonne, nous en profitâmes pour nous faufiler à travers la foule et disparaître de la scène, laissant toutefois notre banknote entre les mains du cocher récalcitrant.

Ce fut alors un déluge d'invectives qu'il déversa sur nous, jusque dans le café où nous étions rentrés.

Notre repas n'en fut que meilleur au restaurant

du premier étage; cette petite discussion à jeun, ayant eu la propriété d'un apéritif, nous avait complétement ouvert l'appétit.

Quelques douzaines d'huîtres de *Fusaro* arrosées d'un crû authentique de Lacryma-Christi, nous firent tout oublier.

De retour au café, autre siège à soutenir, contre des officieux de tous genres qui viennent vous offrir au prix quintuple de leur valeur : des photographies, des cannes de citronnier, des chaînes de montre en écaille, des breloques en corail, on jurerait une gousse de piment. Ces derniers sont considérés comme porte-bonheur ; mais ils n'ont cette vertu, paraît-il, que lorsqu'ils ont été volés...

Se défier de cette caste, ainsi que de bien d'autres entremetteurs, se disant *patentés,* que je m'abstiens de nommer par *rispetto* pour la morale.

Dans la banlieue, on accouple aussi bien, sur des sortes de basternes, un bœuf avec un âne qu'un âne avec un cheval, et on voit ces singulières équipées traverser la ville au pas, fendre la foule parmi l'étourdissante animation qui s'y centralise.

C'est vraiment curieux d'indolence et de vertige, de contraste, de calme et de mouvement ; ce qui, au surplus, pour l'effet optique, rappelle ces exhibitions foraines d'un nain à côté d'un colosse.

Leurs disproportions sont plus disparates l'un près de l'autre.

Il corricolo! véhicule bizarre, plus bizarre par le contenu que par le contenant. Carriole élevée, à deux roues, faisant service d'omnibus entre la ville et ses faubourgs : Portici, Resinà, Torre del Greco, et prenant sur son passage tous les voyageurs qui se présentent. On n'a pas d'exemple dans les fastes annales de la *calessà* qu'il ait été refusé du monde.

Pour un ou deux carlins on a le droit de s'y entasser pêle-mêle. N'y a-t-il plus de place à l'intérieur, sur les bancs ou sur les ridelles, on trouve à s'asseoir sur les brancards, les jambes pendantes, à monter debout sur un marche-pied, et, hue... en route.

Un malheureux bidet, un portechoux, traîne cette charretée humaine, tant qu'il a de force, sans crainte des fondrières ni des tournants trop courts.

Ils sont encaqués là-dedans comme des harengs, mais personne ne se plaint, ni paraît gêné ; chacun rit au contraire, se signe en passant sur le pont Saint-Janvier, le grand patron qu'on invoque en temps d'éruption, et tous reprennent ensuite leurs joyeux propos interrompus. Mais quel changement à vue, lorsque la sous-ventrière qui maintient la charge trop lourde, étreignant fortement les flancs du cheval, vient à se rompre !

Quelle culbute générale, *o San Gennaro!*

Les lazzaroni forment encore une population à part, quoique plus restreinte et moins fainéante qu'il n'y a cinquante ans, vivant toujours dans un état de saleté que rien ne saurait faire imaginer. Les quartiers qu'ils habitent sont infects.

Malgré le dégoût prononcé qui nous était inspiré par certains récits, la curiosité, cette servante obligée de la Folle du logis, nous emporta vers ces ruelles sordides et nous partîmes avec un bon cicerone, monté sur le siége à côté du cocher.

De rues généralement propres et pavées de larges dalles en lave, nous tombâmes dans d'affreux *vicoletti* resserrés.

Des marchands de fritures, de pastèques, de macaroni, d'*acquaiole* [1], etc., font leur étalage sur la chaussée même, au milieu de la poussière, à côté des immondices de la voirie, éclaboussés par les véhicules qui passent, eux et leurs denrées; mais rien ne paraît les détourner de leur occupation ni de leur achalandage. Les *guaglioni* des deux sexes, de huit à dix ans, tournoient autour d'eux dans le costume le plus primitif.

Leurs filles ou leurs femmes, dépenaillées, assises sur le bas de leurs portes ou de leurs échoppes, bavardent, jacassent, et se rendent en

[1] Marchands d'eau le plus souvent aromatisée d'absinthe.

plein air de mutuels soins de propreté, en faisant la chasse à ces odieux parasites aptères qui ont élu domicile dans leur chevelure inculte et conquis droit d'hérédité sur leur tête contaminée.

Malheur à quiconque d'entre nous s'aviserait de s'aventurer seul, dès la tombée de la nuit, dans ces repaires de truands [1], il serait bien vite allégé de tout ce qu'il porte sur lui, mouchoirs ou bijoux. Une guenipe de cet acabit, la poitrine nue, la voix avinée et l'œil effronté, voulut nous faire subir semblable éviction.

Elle s'accrocha à notre voiture et réussit à s'y maintenir, malgré la violente résistance qu'une vive aversion nous fit opposer. Plusieurs *grani* [2] jetés lui firent cependant lâcher prise.

Point ou peu de monuments remarquables, et les églises sont bien pâles à côté de celles que nous admirions il y a quelques jours.

Un des plus beaux théâtres est sans contredit celui de *San Carlo* [3], le seul qui puisse aller de front avec la Scala de Milan. On y donnait *Manfredi*, de Petrella, si je ne me trompe, avec de ravissants ballets pour intermèdes, que la gra-

---

[1] On doit penser si la terrible peste de Naples de 1348, qui fit dix mille victimes, porta ses ravages dans ces quartiers populeux. — [2] Le grain équivaut à 0,04 c. — [3] Ce théâtre date de 1817. *Poliuto* a été écrit pour lui par le grand Corneille.

cieuse Terpsichore semblait avoir réglés en personne.

Par une galerie privée, le théâtre communique avec le *Largo del Palazzo* (palais royal qui lui est adossé), construit par Fontana.

Les appartements du palais nous ont été fermés comme ceux du Quirinal et pour la même raison. Le roi les habitait présentement.

Ce soir-là, à San Carl', la loge de Victor-Emmanuel était vide, mais deux avant-scènes se trouvaient royalement occupées ; l'une par le roi *galanthomme*, que je ne connaissais que par l'effigie de ses pièces de monnaie, l'autre par le roi du Danemark, dont j'aurai l'occasion de reparler plus longuement.

En voyant ces deux augustes têtes couronnées, réunies dans la même salle, j'ai été singulièrement surpris en songeant que Leurs Altesses, avec leurs dynasties, pourraient un jour se partager les cours souveraines de l'Europe : l'Italie, l'Espagne et le Portugal, le Danemark, la Grèce, la Russie et l'Angleterre.

Victor-Emmanuel [1] et son fils aîné, héritier du trône, maintenant le roi Humbert Ier. Son second

---

[1] Victor-Emmanuel, issu de la très-ancienne souche des ducs de Savoie, fils de Charles-Albert, et de Marie-Thérèse, archiduchesse d'Autriche, épousa Marie-Adélaïde, fille de l'archiduc Rénier, le 12 avril 1842. La reine mourut le 20 janvier 1855. (Voir la suite chap. VII.)

fils, Amédée II[1], ex-roi d'Espagne, et sa fille dona Maria Pia[2], reine du Portugal et des Algarves.

Du côté du Danemark : Christian IX et son fils aîné, le prince royal Frédéric[3], héritier présomptif du trône ; sa fille cadette, la princesse Alexandra, femme du prince de Galles ; sa deuxième fille, la princesse Dagmar, la Cesarewna[4] ; enfin son second fils, Georges Ier[5], roi des Hellènes.

Restent encore, me disais-je, en les remarquant dans la loge, LL. AA. RR. le prince Waldemar et la princesse Thira[6], fort jolie, entre parenthèse, à qui le sort réserve probablement, comme aux autres, les mêmes hautes destinées.

Donc, en résumé, quatre futurs régnants et cinq qui tiennent fermement le sceptre en mains. Réflexions aujourd'hui surannées, du moins en ce qui touche la branche italienne. Les événements ont bouleversé les choses. Un des plus illustres

---

[1] Amédée II a été cruellement frappé de la perte de sa femme, Marie-Victoire, princesse de la Cisternà, dont il a eu trois enfants : Emmanuel-Philibert, duc de Pouille, né le 13 janvier 1869 ; Victor-Emmanuel, comte de Turin, né le 24 novembre 1870, et Louis-Amédée, né le 31 janvier 1873. — [2] Femme de don Luis Ier, roi de Portugal depuis 1862. — [3] Le prince Frédéric a épousé, en 1869, la princesse de Suède, fille unique de feu Charles XV. — [4] La princesse Dagmar a été mariée en 1866, au prince héritier de Russie. — [5] Georges Ier est né en 1845, est monté sur le trône le 5 juin 1863, et a épousé la grande-duchesse Olga, fille du grand-duc Constantin. — [6] La princesse Thyra est née le 20 septembre 1853 ; le prince, son frère, est plus jeune de quelques années.

souverains n'est déjà plus, et il y a cinq ans déjà que son auguste fils a été forcé d'abdiquer.

N'abandonnons pas la question théâtrale, sans dire deux mots de *San Carlino,* piazzà del Municipio [1], où se débitent des atellanes napolitaines, et de la *famille Grégoire,* composée du père, de la mère, du fils, de la sœur, de la tante, de la cousine, etc., etc., en un mot, d'une république congénère dont les membres consanguins, utérins et collatéraux, jouent en français dans une salle trop exiguë, tout le répertoire des Opéras-Bouffes.

La musique d'Hervé faisait cette fois les honneurs de la soirée, sous le titre piquant de l'*Œil Crevé.*

De tous les musées, le plus complet et le plus intéressant au monde est certainement le *Musée Borbonico,* ou mieux Musée National, qui dans ses nombreuses et vastes salles, admirablement appropriées pour recevoir chaque curiosité, renferme : des statues, des bas-reliefs, des antéfixes, une belle collection de bronzes, de superbes toiles occupant vingt pièces à elles seules, de magnifiques fresques, une riche bibliothèque, des mosaïques, des vases étrusques de Nola, des murrhins,

---

[1] La place s'appelle aussi Piazzà del Castello, du château qui s'élève à côté, bâti en 1283 sur les plans de Jean de Pise.

de superbes gemmes, menisques, camées, intailles, des trésors numismatiques, ainsi qu'une variété indescriptible de terres cuites des fabriques célèbres de Capodimonte et de Portici, fondées par Charles III.

Ajoutez à cette défilade de richesses, bien faite pour tenter les moins curieux, ce qu'on a retiré des fouilles d'Herculanum et de Pompéï, et vous aurez le bilan, à peu près exact, des merveilles uniques qui peuvent rassasier l'avidité toujours dévorante d'un touriste.

Pompéï seule a le plus contribué à l'embellissement du musée. On y voit, arrangés avec ordre, classés par genres : vases d'argile, plats en terre, patelles, *olearia*, lacrymatoires, verres, pots à fleurs, coupes, encriers [1], stylets, javelots, casques, mors, éperons et tous articles de lormerie ; cassolettes, lampes, candélabres, trépieds, bouillottes, casseroles en bronze ; moules à pâtisseries, baignoires, robinets ; lits enjolivés de plaques d'airain et d'argent ; balances [2] comme les nôtres avec leurs poids (*scrupula*) ; compas, instruments de chirurgie tels que ceux dont se sert aujourd'hui la Faculté : sondes, lancettes, speculum ; puis des cratères, simpules, canthares, etc., des billets de

---

[1] L'encre à écrire des Romains était appelée *atrament*. — [2] L'invention de la balance remonte à la plus haute antiquité : à Phydon, roi d'Argos, VII⁰ siècle avant J.-C.

théâtre, imprimés sur ivoire, indiquant le rang et le numéro de la banquette, pareils aux coupons qu'on nous délivre à la location ; enfin des fragments de musique du Grec Philodème [1].

Le cabinet de toilette de ces dames a également fourni son tribut d'accessoires : miroirs en métal, cure-dents, peignes, pinceaux, strigiles, cosmétiques, noir pour les cils, carmin pour les lèvres, ces derniers dans des flacons hermétiquement bouchés.

Ah ! nobles filles d'Eve, vous croyiez sans doute que ce fard était un produit du siècle ? que tous ces subterfuges de la coquetterie étaient inconnus des anciens ?

Vous êtes joliment distancées ! La cruelle Jésabel, mère d'Athalie, n'avait-elle pas elle-même recours au maquillage ? Abandonnez donc tous ces artifices, pour ne pas jouer le rôle désagréable d'imitatrices, ou créez-en de nouveaux, qui ne soient pas de la contrefaçon.

Dans une autre pièce sont exposés des olives, des graines carbonisées, des châtaignes grillées, des noix calcinées, des raisins secs ; chaque fruit ayant sa forme primitive parfaitement accusée. Des pains entiers, ronds et bombés, sont derrière des vitres comme en devanture de boutique, la

---

[1] Musicien-écrivain de la secte d'Epicure, Ier siècle avant J.-C., a laissé des manuscrits sur la morale et la rhétorique.

croûte couleur aveline telle que celle du pain de munition, mais aussi rassis qu'on peut se le figurer dix-huit siècles après leur manipulation. Ne pourraient-ils pas l'être à moins ? Le pisteur qui en a pétri la pâte dans la rue de Stabies, à Pompéï, ne se doutait guère boulanger pour l'ébahissement des générations à venir.

Une salle contient exclusivement des sujets obscènes, sous toutes les formes et de toutes les natures, en bronze, en marbre, en terre cuite. Ils sont là, comme les pages ouvertes de la vie de Tibère [1], durant ses dernières années, comme le souvenir frappant de ses infâmes débauches dans ses douze palais de Caprée, et le hasard semble avoir pris un malin plaisir à les conserver, non loin de cette île, pour flétrir plus sûrement sa mémoire.

Quelle diversité sur cette terre de l'Italie ! Nous retrouvons encore là une opposition flagrante de l'esprit d'immoralité de nos devanciers avec leurs austères vertus dans l'antique *vieux temps.*

L'entrée de ce cabinet tératologique est, bien entendu, interdite aux femmes et aux enfants. Eh bien, malgré une surveillance rigoureusement exercée, la consigne faillit être violée sous nos yeux par une Anglaise.

[1] Théodore de Gadare, professeur de Tibère, appelait son élève : *de la boue pétrie de sang.* Tibère mourut à Capri le 16 mars 37 de l'ère chrétienne, après vingt-trois ans de règne.

Ses efforts succombèrent heureusement devant l'honorable opiniâtreté du gardien, qui eut toutes les peines à faire comprendre à l'intraitable insulaire *questo loco è proibito per le donne.* Sa rage n'en continua pas moins, mais j'en rougis d'avance pour elle, en pensant à sa pudeur offensée, si, réussissant dans ses tentatives, elle se fût trouvée en présence de pareilles monstruosités.

Des hauteurs que nous venons d'atteindre, par une montée très-roide et que couronne le fort Saint-Elme, surplombant lui-même l'ancienne chartreuse de Saint-Martin, le panorama qui se déroule à nos yeux nous jette dans des transports extatiques indicibles.

En est-il un autre dans l'univers ? je ne sais. Le Bosphore, peut-être ; mais les avis sont partagés. Châteaubriand a préféré celui-là.

Notre pauvre langue est impuissante à dépeindre en tons chauds un tableau aussi vigoureux. La pensée déborde, mais la plume hésite devant ce volcan d'idées. Il faudrait être un J.-J. Rousseau pour révéler cette nature, bien faite pour inspirer la majesté. Autrement, on ne peut traduire que par une muette admiration l'expression de ces mots, sans cesse sur les lèvres de tout étranger fraîchement débarqué :

Vedere Napoli e poi morire.

Du promenoir de ce magnifique monastère abandonné, étincelant encore de richesses : or, argent, marbre, pierreries, fresques, la ville s'épanouit à nos pieds, comme un immense rucher renversé, où essaime cette fourmilière méridionale, de race exubérante, dont les ondes vibrantes de l'air nous apportent le bourdonnement.

D'un seul coup, le regard embrasse la baie de Naples, « *cùm placidum ventis staret mare* », et le rivage s'échancre profondément. Des traînées de fumée blanchâtre qui s'échappe d'une locomotive indiquent l'énorme courbe qu'elle est obligée de décrire.

Toutes les nuances de la palette se marient harmonieusement sur un fond vaporeux, comme dans un cadre de Gérôme. Point de tons heurtés, le bleu de la mer se mire dans la couleur céleste.

A droite, l'île de Capri [1] et l'océan dans toute son immensité, avec ses irradiations de strass, d'aventurine et de saphir, au milieu d'une zone ensoleillée.

A gauche, un bourrelet de montagnes qui commence avec Capodimonte, pour finir par le cône tronqué du Vésuve, masse imposante et fière dont

---

[1] Caprée, et Capri en italien, doit son nom à la multitude de chèvres qu'on y voyait (χαπρα) ; Auguste l'appelait *Apra jopolis*, ville de l'oisiveté. Lucile, impératrice romaine, fille de Faustine, épouse de Verus, y fut exilée et tuée à cause de ses prostitutions (II* siècle).

la silhouette se dessine nettement sur champ d'azur, panache en chef.

En face, sur le promontoire opposé, Castellamare [1] et Sorrente, avec leurs petites maisons éclatantes se détachant sur un tapis d'émeraude, comme les pâquerettes qui émaillent une prairie. Sorrente, berceau du chantre de Godefroy, rappelle la *Jérusalem délivrée* [2].

Au delà, les champs de roses de Pæstum, qui se renouvelaient, dit-on, deux fois l'an.

Est-il possible à un mortel, vous le voyez, de perdre d'aussi agréables souvenirs, même en supposant qu'il doive atteindre l'âge de Mathusalem ?

La fable accroît encore l'enchantement de ces parages fortunés, en les peuplant de sirènes et en appelant îles *Sirénuses* les îlots parsemés sur leurs côtes.

Redescendus sur la Chiaja, nous sommes allés faire notre pèlerinage au tombeau de Virgile [3],

---

[1] Castell' a mare di Stabies, bâtie sur l'emplacement de Stabies qui fut ensevelie avec Pompéi, l'an 79. — [2] Tarquato Tasso (1544-1595), publia la *Jérusalem délivrée*, qui lui a valu son immortalité, après douze années. Nos troupes allaient bombarder Sorrente, quand Abrial et Macdonald ordonnèrent de préserver la maison des descendants du Tasse (1799). La famille, reconnaissante, offrit au savant jurisconsulte le portrait du Tasse, peint d'après nature par François Zuccaro. — [3] Publius Virgilius Maro, né à Andes (Mantoue), le 15 octobre, 70 ans av. J.-C., mort à Brindes l'an 18, à son retour

aussi religieusement que l'aurait accompli un citoyen romain. Il est situé sur le versant de la grotte de Pausilippe, devant le *mare magnum*, comme Châteaubriand sur la croupe aride du Grand-Bey.

La place qu'avait choisie de son vivant le poète armoricain n'était probablement pas étrangère à celle qu'il avait vue du chantre élyséen.

La grotte de Pausilippe est un magnifique tunnel de plus d'un kilomètre de longueur, éclairé par des réverbères et creusé, rapporte-t-on, par Caius Posthumius et L. Cocceius Auctus, architectes romains.

L'impression est encore telle de nos jours que du temps de Sénèque ; voici plutôt sa lettre (lettre LVII) : « Rien de plus long que ce cachot, ni de plus sombre que ces flambeaux qui, au lieu de faire voir dans les ténèbres, rendent seulement les ténèbres visibles. Et si le jour y pénétrait, il serait éclipsé par la poussière qui retombe sur ceux qui l'ont soulevée. »

Au delà de ce souterrain sont : les champs Phlégréens, le lac d'Agnano, la grotte du Chien,

---

de Grèce. On grava ces vers, paraît-il, sur son tombeau, où les Romains se rendaient comme à un temple :

Mantua me genuit; Calabri rapuere; tenet nunc
Parthenope: cecini pascua, rura, duces.

la Solfatare [1], Pouzzoles [2], les lacs Lucrin [3] et Averne [4], Cumes; puis Baïes, Misène et enfin Ischia, Procida, îles des *Cercopes* [5].

Cicéron avait à Pouzzoles, où mourut Adrien, une villa qu'il nommait *Puteolane*.

Les lacs Averne et Lucrin étaient l'Achéron et le Cocyte des anciens. Le lac Lucrin fut comblé en 1538 par un effondrement volcanique du Monte Nuovo. Le Phlégéton (du grec φλεγω, je brûle), affluent de l'Achéron, environnait le Tartare.

Cumes et l'antre de la *Sybille* [6], que Dioclétien vint consulter, et d'où sortit la neuvième persécution contre les chrétiens.

Plus loin, Literne ou Patrià, où fut enterré Scipion l'Africain [7], et dans le fond, le mont Massique des anciens, qui produisait le fameux Falerne [8].

---

[1] La Soufrière. — [2] Sylla s'y retira après son abdication. — [3] Lucrin, du latin *lucrum*, gain, parce qu'on y pêchait beaucoup de poissons. — [4] Averne ou Aorne (de α privatif et ορνις, oiseau), parce que les vapeurs qui s'en exhalaient éloignaient les oiseaux. — [5] Les habitants furent changés en singes par Jupiter, dit la fable. — [6] *Déiphobée*, nom de la Sybille de Cumes, qui conduisit Enée aux Enfers, et vécut 1000 ans. Suivant Servius, ce fut elle qui vendit les *Livres Sibyllins* à Tarquin. Tarquin acheva son existence à Cumes, colonie grecque, fondée par les Chalcidiens, après la bataille du lac Régille. — [7] Publius Cornelius Scipion (235-183), voulut que cette épitaphe fût mise sur son tombeau : « Ingrate patrie, tu n'auras pas mes os. » — [8] Le vin de Falerne a disparu depuis le VI° siècle.

Caligula fit construire un pont de bateaux, recouvert de terre, depuis Pouzzoles jusqu'à Baïes, long de 3,600 pas [1].

Là, monté sur un cheval, il se plaisait à parader ou bien il s'exerçait à conduire des quadriges.

Tout le rivage de Baïes et de Misène [2] était couvert de délicieuses maisons de plaisance, perdues dans les buissons de myrtes et d'oléandres. Marius, Lucullus, Pompée, César, Auguste, Pline, recherchaient ces lieux d'agrément ; Néron y avait sa villa de *Baule.*

La cour se donnait rendez-vous, sous les empereurs romains, aux eaux thermales de Baïes, comme durant le dernier règne impérial elle venait à Vichy. On passait une saison dans une villa de Misène, comme de nos jours on s'installe sur la côte bretonne, dans un chalet, à Dinard.

[1] Le pas équivalait à 1m48 c.

[2] .... *qui nunc Misenus ab illo Dicitur æternumque tenet per secula nomen.*
(Liv. VII, v. 234 et 235. *Enéide.*)

Lire pour tous ces parages : l'*Enéide*, livres VI et VII, et les *Métamorphoses* d'Ovide, livre XIV. — Misène était un port de refuge pour la flotte d'Auguste, comme l'était Fréjus. C'est sur ces bords que les galères débarquèrent les dépouilles de Carthage. Cornélie, la mère des Gracques, acheva sa vie à Misène.

POMPÉI

Deux importantes excursions nous attirent à la fois et sollicitent nos préférences au même degré; Pompéï et le Volcan. Nous n'avons que l'embarras du choix, mais comme il est bon de toujours prendre un parti, et le meilleur, la mémoire encore fraîche des beautés du musée, nous courons à leur source véritable. Une heure après, le chemin de fer Napoli-Eboli nous déposait à la quatrième station.

Un magnifique wagon-salon occupait le milieu du train. Par l'empressement du personnel de la gare se portant à l'arrivée du convoi, il fut facile de juger de suite que de hauts personnages allaient en descendre. Un voisin confirma mon pressentiment, en me disant que c'était le roi de Danemark, accompagné de la reine et des deux plus jeunes princes, qui venait visiter les fouilles, sous la conduite du commandeur Fiorelli. J'appris en même temps que Christian IX voyageait incognito, sous le nom de comte de *Falster*[1], comme le faisait tout dernièrement encore son gendre, S. A. R. d'Angleterre, sous le titre comtal de *Chester*. Nous fîmes quelques pas pour voir Son Altesse de plus près ; du reste, dans le cours de nos explorations, nous nous croisâmes plusieurs fois avec Elle. Nous eûmes aussi la bonne fortune d'examiner les objets qui venaient d'être retirés en présence de la famille royale : des amphores, des vases en bronze, et une cassette en bois oubliée[2] par le propriétaire sur sa table de marbre.

Le roi de Danemark, né le 8 avril 1818, est issu de la maison du Schleswig-Holstein. Il est grand, robuste et aussi élégant sous l'uniforme que sous l'habit civil ; c'est le gentleman doublé du soldat. Sa démarche indique une nature résolue, et ses longs services dans la cavalerie danoise n'ont pas peu contribué à lui donner cette tournure assurée et martiale, qui frappe à première vue.

Sa Majesté porte la barbe à l'autrichienne, comme le malheureux empereur Maximilien, qui disait que Naples est « un morceau du paradis tombé du ciel. »

---

[1] Falster, nom d'une île danoise de la Baltique. — [2] Il est reconnu que les Pompéiens eurent le temps de revenir prendre ce qu'ils avaient laissé, et qu'ils fouillèrent après la catastrophe.

Ses traits sont réguliers, sa physionomie est froide, grave et réfléchie.

La reine Louise de Hesse-Cassel, mariée en 1842, est d'une intelligence supérieure, et son enjouement paraît tempérer la réserve de son royal époux.

L'avènement [1] de Christian IX, après la mort de Frédéric VII, 15 novembre 1863, coïncida avec la perte des provinces du Schleswig-Holstein et du Lauenbourg. Son crédit, sa popularité, sa confiance parmi ses sujets s'accrurent chaque jour davantage et ne s'affirmèrent pas moins depuis.

Pompéï n'est point un hypogée profond et rempli de ténèbres, tel qu'Herculanum, ni une nécropole semblable aux catacombes de Rome, où l'on défile un à un, avec la clarté indécise d'une bougie pour toute lumière. Le soleil [2] s'y répand à plein flot et la circulation se fait dans de vraies rues pavées, marquées d'un double sillon parallèle que les roues des chars ont tracé dans les dalles de lave comme dans un chemin boueux.

Les boiseries et les toitures sont à remplacer ; il y aurait là plusieurs corps d'états à employer pendant des mois. Quant aux habitants, ils semblent n'avoir quitté leurs demeures que pour

---

[1] En vertu du traité de Londres du 10 mai 1852. — [2] Hébon, dieu du soleil, adoré en Campanie.

une courte absence. On s'attend à les voir apparaître incessamment, venir à nous, se joindre à toute cette multitude d'étrangers, conviée comme pour une fête telle qu'aux plus beaux jours de réjouissances, il y a mille huit cents ans, au temps des *Compitales*, des *Lupercales*, des *Agonales* ou des *Palilies*.

Près de la porte de la Marine, et derrière un tourniquet[1] qui scande l'entrée de chaque personne, se tient rangée fixe et immobile une compagnie de gardiens, soldés et galonnés aux frais du gouvernement.

Le jour, ils pilotent les visiteurs en leur donnant des explications sur chaque curiosité ; la nuit, ils font des patrouilles dans la ville déserte, pour garder l'ombre des morts à la grande satisfaction des vivants ; car, depuis peu, on a eu l'heureuse idée de maintenir sur place chaque objet exhumé, au lieu de les envoyer en masse au musée de Naples, comme à un entrepôt général. Résolution bien plus agréable pour le gros des promeneurs et mille fois plus intéressante pour le réaliste, qui éprouve un plaisir incomparable à rencontrer les choses là où elles ont été laissées par les habitants eux-mêmes.

Des squelettes humains, trouvés en 1863, sont

[1] L'entrée est de francs par personne.

étendus dans une maison à droite, transformée en genre musée, avec les positions les plus horribles ; une femme enceinte, un homme, la main crispée sur sa bourse de peur que son argent lui soit volé. Le surintendant des fouilles, M. le sénateur Fiorelli, les a moulés en plâtre afin de les mieux conserver.

En sortant de là, on se rend au Forum Civil, encombré de fûts de colonnes ; on était en train de réparer les dégâts produits par un tremblement de terre précédent, celui de l'an 63, lorsqu'arriva l'éruption de 79.

Sa forme est un long parallélogramme ; temple et arcs de triomphe en parfait état de conservation.

Du côté oriental était placé *l'Album*, tables oblongues en impastation sur lesquelles on inscrivait les édits, les ventes publiques, les jours de spectacle, et, suivant la chaleur de la saison et l'importance de la représentation, on annonçait qu'on dresserait le *velarium* (tente) ; ce qui équivaut par antiphrase à la formule adoptée dans nos théâtres de province pendant l'hiver : « La salle sera chauffée. »

Au ponant : temple de Vénus Pompéiana [1] (la déesse poliade), le grenier public et les prisons,

---

[1] Vénus était la déesse protectrice de leur ville; Hercule, le palladium d'Herculanum.

dans lesquelles on a trouvé plusieurs squelettes de captifs qui n'avaient pu prendre la fuite, retenus aux jambes par des entraves de fer [1].

Au sud : la basilique et les tribunaux.

La rue des Orfèvres se prolonge dans l'axe de celle de la Marine jusqu'à la voie Stabienne. Il y a encore celles : de la Fortune, du Faune, des Thermes, d'Herculanum, des Tombeaux, etc., etc. Elles sont généralement étroites, des trottoirs de bitume [2] les resserrent encore davantage. Au milieu de chacune d'elles est planté un dé de pierre qui servait à passer d'un bord sur l'autre et en deux enjambées, sans se mouiller les pieds ; car, les égouts n'existant pas, les rues en pente se changeaient vite en torrents après un orage.

Point d'écriteaux, les artisans indiquaient leur profession par des objets de leur métier mis comme enseignes ; ainsi, de nos jours, un arquebusier place un long fusil en bois, un coutelier accroché de gros ciseaux d'or.

Une pharmacie était désignée par un serpent. Des bas-reliefs ont fait découvrir un charcutier, un foulon. On a reconnu l'habitation d'un chirurgien

---

[1] Ce sont les mêmes tringles de fer, qui, au bagne de Toulon, retenaient les forçats par leur alganon au bas du lit de camp, lorsqu'ils étaient couchés. — [2] On voit au Musée National plusieurs tourteaux d'asphalte ramassés à Pompéi.

par des instruments de son art, celle d'un marchand de savon par des chaudières et du *lutus fullonicus,* d'un marchand d'huile par des amphores à la panse rebondie, encastrées dans le comptoir; enfin un boulanger, « *qui pilum pistrinis invenit.* » par de grandes meules en granit servant à la mouture du blé. C'est dans cette pistrine qu'ont été trouvés soixante et onze pains, qui figurent au Musée Borbonico.

Nous voilà donc dans cette *stradà di Stabies,* par où s'enfuirent les Pompéiens éperdus ! On ne peut s'empêcher de regarder, sans un serrement de cœur, ces deux lignes de murs allant à la mer, dix fois trop rapprochées en ce suprême moment, pour permettre à une foule égarée, pressée, folle de désespoir, de se sauver et d'emporter les derniers débris de ses richesses.

Celui-ci traînant ses enfants dans l'obscurité, celui-là cherchant sa femme, d'autres se chargeant de leurs dieux, d'autres encore, portant sur leurs épaules leurs parents infirmes, tels que Philonomus fuyant devant les flammes de l'Etna. Quel horrible départ ! Que de personnes chères oubliées dans l'égarement, s'appelant en vain jusqu'à ce qu'une vapeur de soufre les étouffe, une pierre les écrase ! Que de gens absents, d'amis, on ne pourra revoir ! Une ville entière déménageant sous le feu redoutable d'un volcan ! Des sanglots, des cris de détresse s'échappent encore de toutes ces poitrines haletantes ; puis..., l'inéluctable flot en fusion arrive, monte en refoulant ce qui l'arrête, et étend uniformément sur elles son linceul de pierre, pour les ensevelir dans un cercueil de bronze. C'est un morceau de la fin du monde.

Si je voulais ici rappeler en entier les lettres de Sénèque et de Pline le Jeune, j'aurais fort à faire ; je me contenterai de rapporter les principaux passages de celles de Pline.

Sénèque [1] s'étonne que le tremblement de terre de l'an 63 ait été ressenti en hiver, le jour des nones de février (soit le 5) ; il paraît que cela ne s'était jamais produit. Des maisons de Naples furent effondrées.

Pline. (Lettres XVI et XX, livre VI.) Il écrit à Tacite une lettre de détails sur la mort de Pline l'Ancien [2], son oncle et son père d'adoption.

« Il était à Misène, où il commandait la flotte.
« Le neuvième jour avant les calendes [3] de sep-
« tembre, vers la septième heure, ma mère aperçut

---

[1] Lire livre VI, chapitre I, tome second de Sénèque, *des Questions naturelles*. — [2] Pline l'Ancien ou le Naturaliste (Caius Plinius Priscus), né à Côme, sous Tibère. Pline le Jeune (Caius Cœcilius Plinius Secundus), né à Côme (62-115). Pline le Jeune et sa mère habitaient alors leur villa de Misène. — [3] Les calendes arrivaient le premier jour de chaque mois, et chaque mois commençait à la nouvelle lune. La journée était de douze heures ; l'heure romaine était de cinq quarts d'heure au solstice d'été, et de trois quarts d'heure au solstice d'hiver.

« un nuage de forme extraordinaire..... Ce phé-
« nomène préoccupa mon oncle et il fit appareiller
« un navire pour l'examiner de plus près.... Il
« sortait de chez lui, quand il reçut un billet de
« Rectina, femme de Cœsius Bassus, qui habitait
« une villa au pied du Vésuve, d'où on ne pouvait
« s'échapper que par la mer. Effrayé de l'immi-
« nence du danger, mon oncle partit aussitôt....
« Déjà sur son vaisseau volait une pluie de cendre
« chaude, mêlée de pierre noire.... Mon oncle ne
« voulut point retourner: *Fortes, inquit, fortuna*
« *juvat*. Menez-nous à Stabies, chez Pomponianus,
« dit-il au pilote............. ....

« La cour où l'on entrait dans ses appartements
« commençait à être encombrée de pierres. On tint
« conseil, car les maisons étaient ébranlées jusque
« dans leurs fondements.... On résolut de sortir.
« .... Ils attachèrent avec des toiles des oreillers
« sur leurs têtes ; c'était une sorte d'abri contre
« les pierres qui tombaient.

« Régnait la nuit la plus sombre et la plus
« épaisse. Bientôt les flammes et une odeur de
« soufre mirent tout le monde en fuite..... au
« même instant mon oncle tomba mort.... j'ima-
« gine que cette épaisse vapeur le suffoqua, il avait
« la poitrine faible.... Trois jours après, lorsque
« la lumière reparut, on retrouva le corps de mon
« oncle sans blessure [1]. »

[1] Traduction de M. Cabaret-Dupaty.

Le poète lyrique Cœsius Bassus succomba aussi dans cette terrible catastrophe.

Tout en cheminant, plongés dans ces philanthropiques pensées, nous arrivâmes aux théâtres Dramatique et Lyrique.

La tragédie qu'ils avaient si souvent vu représenter sur l'une de ces scènes, ils la jouèrent eux-mêmes le dernier jour de Pompéï, plus naturelle mais plus affreuse, avec accompagnement de roulements de tonnerre et de déchirements épouvantables. Melpomène et Calliope furent méconnues, dépassées cette fois, par leurs admirateurs eux-mêmes.

Le théâtre Dramatique est le plus grand et, comme toujours, demi-circulaire [1] ; les rangs de gradins sont intacts quant à leurs formes ; leurs revêtements de marbre ont disparu.

Avant de gagner sa place par les couloirs [2], on remettait son billet [3] à l'ouvreuse [4], qui vous casait suivant votre numéro. Si on arrivait trop tard, on s'asseyait sur un strapontin [5].

La salle avait régulièrement trois divisions. L'étage supérieur était occupé par les matrones, qui s'y faisaient apporter dans leurs litières. Au dessous venaient le *popularia,* puis l'*equestra* et enfin l'*orchestra.* Les magistrats, les personnes

---

[1] *Cavea.* — [2] *Præcinctiones.* — [3] *Tessera.* — [4] *Designator.* — [5] *Cuneus.*

illustres, les vestales prenaient place à l'orchestre.

Il y avait là le *bisellium*, siége d'honneur, ainsi que des trônes d'ivoire ou d'or pour l'empereur et l'impératrice.

Le *velarium* préservait les spectateurs des ardeurs de la canicule. Des canaux amenaient sur cette tente des eaux parfumées, qui, tamisées par la toile, retombaient en rosée fraîche sur le crâne des Romains.

La scène et les accessoires étaient en bois. La scène se divisait également en trois parties : *pulpitum, proscenium, postcenium*, la rampe, la scène proprement dite, et derrière, un mur que cachaient des tapisseries où les acteurs s'habillaient ; ils entraient en scène par les coulisses (*versuræ*).

Le chorége (costumier) fournissait le matériel et les costumes.

Les machinistes, pour faire fonctionner les trappes, *pegma*, ou pour lever le rideau, *aulæum* (car il ne s'enroulait pas dans le haut, *episcenium*, il disparaissait dessous le plancher), se tenaient sous la scène, *hyposcenium*.

L'édile était le magistrat chargé de la direction des théâtres.

Parmi les noms des grands tragédiens venus jusqu'à nous, on peut citer les suivants : Levius

Andronicus, Erios, Œsopus, Polos d'Egine, et surtout Quintus Roscius. L'empereur Néron chanta à Rome la *Niobé*. Sans modestie aucune, il qualifiait sa voix, de voix céleste. Il joua aussi la comédie, et il débuta à Naples dans la tragédie. *Hercule furieux*, *Oreste meurtrier de sa mère*, etc., furent de son répertoire.

Néron inventa la claque, et c'est probablement pour cela qu'on a donné le nom de Romains aux petits citoyens du lustre. La cabale employait les flûtes de Pan. Les applaudissements, les sifflets et les trépignements ne leur étaient pas non plus inconnus ; on commença à siffler sous Auguste.

Le dernier acteur qui quittait la scène avait l'habitude de dire :

Valete et plaudite.

Le programme lyrique comprenait : les concerts, les représentations mimiques, les défits poétiques et l'art chorégraphique. Les *Gaditanes* surtout étaient très-recherchées ; elles dansaient une espèce de fandango.

On a retrouvé des fresques qui représentent ces almées hispaniques se tenant par la main, et les traînes transparentes de leurs robes légères barbeyant à leur suite.

Des joueurs de flûte, munis de *crupezia*, marquaient la mesure.

A côté de ces deux théâtres, on voit une caserne, dans laquelle on a ramassé des casques, des armes, des armures et des squelettes d'animaux domestiques.

En remontant dans le haut de la ville, du côté où est venue l'invasion volcanique, c'est-à-dire vers la voie Domitienne, on rencontre plusieurs bornes-fontaines au coin des rues.

L'une d'elles est le pendant curieux que j'ai déjà mentionné, en parlant de Saint-Pierre de Rome.

L'eau sortait par la bouche d'un mascaron mafflu, complétement usé au méplat, et cette érosion provient du frottement des lèvres de ceux qui venaient pour s'y désaltérer.

En sortant par la porte d'Herculanum, on aperçoit, près des remparts, une guérite en pierres, et dans cette guérite on a ramassé le squelette de la dernière sentinelle qui y ait monté la garde, coiffée de son casque, appuyée sur le bois de sa lance.

Pauvre victime de sa consigne ! elle a préféré périr que d'abandonner son poste.

Ici, nous sommes dans la rue des Tombeaux (encore une voie principale), encombrée de débris réticulés, de chapiteaux, de triglyphes, d'armilles, de fragments de frises, gisant épars sur le sol.

On a réussi à déchiffrer les noms de plusieurs

familles, gravés sur les sépulcres, celui de Diomède entre autres, en face de son habitation, maison à plusieurs étages, ce qui est rare ; car les édifices de Pompéi n'ont jamais été très-élevés, sans doute en raison des tremblements de terre.

C'est la seule à laquelle nous ayons vu un carreau de vitre, grossier il est vrai, ocellé, tels qu'ils n'ont jamais manqué d'être tant qu'on les a obtenus par le coulage [1].

Dans les caves (*cella vinaria*), une grande quantité d'amphores acuminées et de squelettes humains ont laissé leurs empreintes sur la paroi des murs.

Sommes-nous ici dans le cellier d'un riche patricien, aimant le bon vin ? Ces œnophores renfermaient-elles un généreux Cécube ou du petit vin de Sorrente, du Pucinum ou du bon vin de Chio ?

Sacrifiait-on à la déesse *Bibetie* ou si on célébrait les *Néoénies*, puisqu'on prétend qu'on rentrait la vendange au moment de l'éruption ? Alors ces squelettes étaient les cadavres des malheureux qui s'étaient livrés à la dégustation du vin nouveau.

Ils venaient peut-être de boire à Bacchus ou de

---

[1] Les anciens Gaulois connaissaient le verre à vitres. Les anciens Romains employaient de préférence la pierre transparente de Cappadoce, appelée pierre spéculaire (albâtre gypseux), que l'on trouve près de Bologne.

trinquer en l'honneur de Vénus, leur patronne, quand ils s'endormirent dans les étreintes brûlantes de Vulcain.

En rentrant, intra-muros : villa de Cicéron (il avait des villas partout), villa de son ennemi Salluste, une des plus élégantes. Dans toutes ces fouilles, on a fait d'abondantes moissons de monnaies d'or et d'argent, colliers d'émeraude, fibules, bracelets ciselés, bagues enrichies d'agathe, topaze ou perles de l'Inde, camées en sardonyx, *spinther*, bijoux étrusques de tous genres.

De très-belles fresques ont aussi survécu à ce désastre, notamment dans la maison du Poète tragique, du Méléagre, Salve Lucrum, casà dellà Fontanellà, dellà Suonatrice (tireur d'épines); lesquelles ont reçu leurs dénominations des inscriptions ou des dessins qu'elles contenaient.

Nos ancêtres savaient s'entourer de tout le confort désirable, superflu même, chacun le sait. Mais on n'en est réellement convaincu que lorsqu'on a parcouru Pompéï dans toutes les directions, lorsqu'on a visité les temples et les monuments publics et que, tout à coup, après avoir bien jugé de ce qu'était leur existence extérieure, avisant une porte, on pénètre dans le centre de leur vie intime en franchissant le *prothyrum*.

Si vous voulez me suivre un instant, je vais vous

promener, sans fatigue, dans l'intérieur d'une maison romaine, dix-huit fois séculaire.

Nous avons déjà fait irruption par le couloir d'entrée et nous sommes à présent dans l'*atrium*, ce foyer de la vie des Romains, témoin constant de leurs joies domestiques.

Dans une autre circonstance j'ai dit : le temple de **Vesta**, c'est la patrie ! maintenant, l'*atrium*, c'est la famille ! Céans, les paisibles fêtes, aussi pures et aussi fraîches que l'eau qui jaillit du milieu de l'*impluvium*.

Tout autour des portiques. Voyons le *tablinum*, où étaient rangées les images des ancêtres et conservées les archives. Des Victoires, des Muses, des combats d'Amazones, ornent les murs. Entrons dans la salle à manger (*triclinium*); le plus grand luxe décoratif y est déployé ; des arabesques aux corniches, des oiseaux, des bacchantes, *Méléagre vainqueur du sanglier de Calidon,* couvrent les panneaux. Les Romains avaient coutume de manger trois fois par jour, au déjeuner, au dîner et au souper : *jentaculum, prandium, cœna.* Le souper seul était substantiel et se prenait vers quatre heures.

La *comessatio* correspond à nos médianoches (*mediam noctem*).

Etendus sur des lits tricliniaires, revêtus de *synthèse,* ils terminaient leur repas par des libations à Jupiter Sauveur. Dresser les lits était synonyme de mettre le couvert. La table regorgeait de *pulmenta* [1] : œufs, olives, laitues, *polenta*, gibiers, soles, surmulets, gâteau miellé, figues, raisins, pommes de Matius, servis sur de la vaisselle d'argent ou dans des vases de Corinthe et de Nola. Des coupes, des cyathes s'alignaient à côté de *carchesia* ou de cratères remplis de vin de Calène ou de Chypre. Souvent un *anagnoste* faisait la lecture pendant les repas.

De là passons au salon, *exèdre* ou salle de conversation ; des fresques, des mosaïques représentant des satyres, *Narcisse se mirant dans l'onde, Hercule endormi.*

L'usage du tabac, l'arôme du moka, étaient ignorés des Romains, mais ils savaient remplacer ces jouissances modernes par les charmes d'une causerie aimable et intelligente, ce qui chez nous périclite de jour en jour.

Sortons maintenant par de petits corridors (*fauces*), si les fumets dionysiaques ne vous ont pas rendus trop lourds, et regagnons le péristyle, le plus souvent en stuc. Au fond est d'ordinaire une fontaine, incrustée de coquillages.

Mais chut ! silence ! nous traversons le sanctuaire [2] des dieux lares. La matrone est une

---

[1] Mets de toutes sortes. — [2] *Sacellum.*

vestale qui entretient le feu sacré sur les autels laraires. Elle en a la garde, comme la prêtresse virginale, et s'il s'éteint, ô dieux immortels ! c'est l'indice des plus grandes calamités qui viendront fondre sur elle et sur toute sa famille.

A présent, nous sommes dans les chambres à coucher (*cubicula*)[1], presque toutes fort à l'étroit ; il a fallu plus d'une fois entailler la maçonnerie pour loger le lit. Les murs sont ornementés de fresques, de festons et d'amours, de scènes diverses : *Neptune embrasse une nymphe, Cupidon et Jupiter, les amours de Mars et de Vénus.*

A côté, étaient les salles de travail[2] et le boudoir, illustré de fresques : *Hermaphrodite à la toilette, deux Génies soutenant l'un une cassette, l'autre un miroir.*

Poussez l'indiscrétion jusqu'à regarder par une portière[3] mal tirée, vous vous imaginerez voir une patricienne élégante, entourée de son cortège d'esclaves coiffeuses. L'une tient en main le *calamistrum* (fer à friser), l'autre pique les épingles ou pose le chignon (*caliendrum*), l'*ornatrix* adapte quelques parures et les *psèces* vaporisent des parfums sur sa tête.

[1] Quand la maison avait un étage, les chambres à coucher étaient ordinairement au premier, sinon autour de l'*atrium*. — [2] *Œci*. — [3] *Separium*.

Chaque odalisque a son attribution, sous la surveillance de la *cosmeta* (ordonnatrice), et il en coûte à ne pas satisfaire une maîtresse capricieuse, maussade, qui a ses nerfs ! Plus d'une a ressenti la férule de bourreaux, soudoyés à l'année, uniquement pour remplir cette fonction inhumaine.

Jetez un dernier regard avant de vous en aller, examinez autour de la chambrette mignonne, les petits coffrets à bijoux, les flacons d'essences, sels, myrrhe de l'Oronte, le noir, le rouge, l'azur.

Descendons maintenant dans les salles de bains [1], que possède toute maison bien tenue ; salles chaudes, tièdes et froides, alimentées par des tuyaux en plomb avec robinets de cuivre, afin de modérer la quantité d'eau. Ces chambres sont embellies de peintures murales appropriées : *Nymphes sortant du bain, Diane nue surprise par Actéon*, etc. Les thermes existent dans la ville aussi bien qu'à Rome.

Parmi les temples, on remarque en outre, ceux : de Neptune, d'Auguste, de Mercure, et d'Isis, dans lequel on voit encore l'ouverture par où le prêtre pythien rendait ses oracles. Un étroit escalier conduit jusqu'à l'endroit qu'il occupait.

---

[1] Poppée, femme d'Othon, ensuite de Néron, prenait des bains de lait et se faisait suivre d'un troupeau d'ânesses, partout où elle se transportait.

Les lieux de débauche y ont aussi leur place, comme tous les autres temples. N'étaient-ils pas, aussi eux, dédiés à Cupidon et à l'Amour, à Priape et à Pandémos? Ils en diffèrent cependant, par des déclarations amoureuses tracées à la pointe, par des inscriptions grecques et latines très-grivoises, par des fresques d'une lubricité répugnante, et des enseignes dégoûtantes, dont le modèle devait assurément servir de portemanteaux aux sectateurs de l'impudique *Bapta*.

Herculanum, Stabies, Oronte, Rétine, sœurs par le même malheur, cachent aux yeux des hommes, dans leurs seins mystérieux, les plus précieux trésors.

Toutefois, on a fait de jolies découvertes dans Herculanum, à 23 mètres de profondeur, sous Portici, qui a pris sa place.

Pompéi [1] ne doit réellement son ensevelissement qu'aux pierres ponces et à la cendre. L'eau bouillante est venue par là-dessus coaguler

---

[1] Pompéi doit son origine aux Osques ou Samnites. Les Etrusques les supplantèrent vers l'an 800, probablement à l'époque de leur toute puissance, lorsqu'ils fondèrent Nola, Capoue.

Sylla, Auguste y envoyèrent différentes colonies. Auguste y vint voir Cicéron. Claude y séjourna, et y perdit son fils Drusus, qu'il avait eu de sa première femme Urgulanilla, lequel s'étrangla en faisant sauter en l'air une poire qu'il reçut dans la bouche. Peu de jours avant, il avait été fiancé à la fille de Séjan. (Suétone, chap. XXVII).

cette concrétion ignée, et s'infiltrer dans les interstices, de façon à lui faire un véritable masque. Il n'y a eu qu'à l'enlever lorsqu'on l'a retrouvée au XVIIIe siècle. Aujourd'hui, le quart présumé de la ville est mis à jour.

Avant de reprendre le train, nous passâmes devant l'*Osteria di Diomède,* la seule qui existe et qui, pour cette raison, n'ayant aucune rivalité à craindre, taxe au poids de l'or les voyageurs trop naïfs.

Avis aux amateurs.

LE VÉSUVE

Depuis quelque temps déjà, le Vésuve [1] semble montrer sa mauvaise humeur. Il se plaît à lancer des scories, à répandre autour de lui une pluie de cendre, il inquiète enfin ; de toutes parts de sourds et profonds mugissements se font entendre par saccades convulsives.

[1] On compte cinquante-cinq éruptions depuis Pline. Les plus mémorables sont : celle de l'an 472, dont les cendres allèrent jusqu'à Constantinople, raconte Procope; celle de 1631, celle de 1817 dont le chevalier Pierre-Jacques Volaire a fait un très-beau tableau (il était né à Toulon, il est mort à Naples en 1820). Les années d'éruption depuis 1850. ont été : 1854, 1855, 1858, 1861, 1865, 1867 et 1872. Sénèque (*Questions naturelles,* liv. VI) rapporte diverses théories des philosophes anciens sur les causes de ces éruptions. Elles sont nombreuses et se rattachent à des principes fort opposés ; j'en citerai une parmi celles-là, qui me semble être la plus logique et la plus conforme aux opinions de nos savants modernes : « Ce feu qui bouil-
« lonne en plusieurs endroits, exhale nécessairement des torrents
« de vapeur qui n'ont pas d'issue et qui dilatent fortement l'air;
« avec plus d'énergie, ils font voler en éclats les obstacles; moins

Ce n'est plus un jeu décidément, tout annonce qu'il est en travail d'éruption.

L'intrépide professeur Palmiéri est à son poste. De l'observatoire qu'il occupe, entouré d'appareils sismiques perfectionnés, il suit les moindres pulsations du volcan, comme un médecin soucieux de la santé de son malade. Son instrument sismographe ne le trompe pas, allez! Vingt-quatre heures avant, il vous prédira exactement le commencement ou la fin de chaque éructation.

Dix heures, nous a-t-on dit, sont nécessaires à cette excursion; c'est bien, nous les consacrerons.

Le carrosse stationne à la porte; ses caissons sont amplement approvisionnés pour la journée et nous nous mettons en route.

On franchit d'abord le pont voué à saint Janvier, lequel saint les habitants implorent, non-seulement lors d'une éruption, mais encore pour conjurer tous maux quelconques [1].

On traverse successivement Portici, Resinà, Torre del Greco, Torre dell' Annunziatà, et c'est

« véhéments, ils ne peuvent qu'ébranler le sol. Nous voyons bouillonner l'eau sur le feu. Ce que nos foyers produisent sur ce peu de liquide dans une étroite chaudière, ne doutons pas que le vaste et ardent foyer souterrain ne le produise avec de plus grands amas d'eaux. Alors la vapeur de ces eaux bouillonnantes secoue vivement tout ce qu'elle frappe. » (Chap. XI, traduction de M. J. Baillard.) — [1] La fête de saint Janvier se célèbre avec très-grande pompe le 12 mai. Il fut martyr et justicié à Pouzzoles.

à cette dernière bourgade que nous choisissons nos *cavalcature*.

Jusqu'à l'ermitage San-Salvatore, on suit une route en poudingue très-carrossable, pratiquée dans la lave, que chaque nouvelle catastrophe vient combler. Sur les coteaux déversants, des enclos de vignes fournissent le Lacryma-Christi, mûri par une chaleur intestine et doré par un soleil complaisant.

Notre première halte se fait chez l'ermite, dont les honneurs de l'hospitalité ne sauraient être mieux accordés; quelques ormeaux ombragent ce lieu solitaire. Les chevaux y sont dételés.

Nous montons sur les paisibles rosses dont nous nous sommes fait suivre, et, leur jetant la bride sur le cou, nous abandonnons complétement à leur instinct la direction à prendre sur cette mer de lave, tiède, tordue, bosuée, convulsionnée, affectant par endroits des phyllithes, ou les formes les plus extraordinaires.

Rendus au bas du cône, deux moyens se présentent pour le gravir. Laissant de côté la chaise à porteurs, qui ne m'offre pas toutes les garanties de stabilité voulue, je me confie à deux *facchini*, qui, moyennant cent sous chacun, vont me hisser, me pousser, me faire monter comme un ballot de chiffons.

Malgré ces puissants auxiliaires, les efforts n'en sont pas moins pénibles à escalader un plan aussi incliné, s'enfonçant jusqu'à mi-jambe dans la poussière volcanique et trébuchant à chaque pas sur des punites vacillantes.

On arrive au sommet tout haletant, et le seul lieu de repos qui vous soit disponible, sur une sorte de palier que les guides appellent *piano*, c'est un cabanon ouvert à tous les vents, de deux mètres carrés à peu près, ayant pour sièges des quartiers de machefer pointus et anguleux ; mais quelques rasades d'un vin analeptique calment bientôt notre altération et réparent nos forces perdues.

Nous voilà repartis, remerciant nos guides de leur prévoyance et leur remettant dans le creux de la main le prix d'une bonne bouteille. Quel que soit le motif qui les ait fait agir, ne devons-nous pas cependant leur savoir gré de cette délicate attention ?

Le grand cratère, désigné sous le nom de la *Somma,* est en face de nous, ceint d'un tortis de fumarolle, mais nous l'évitons prudemment. Des pierres hématites incandescentes sortent du gouffre béant et tombent en roulant comme des boules de feu, suivies de trépidations et de détonations dont les échos, multipliant les coups, remplissent l'air d'une formidable canonnade.

Son approche est donc dangereuse pour le moment. Des guides seuls s'y aventurent, au péril de leur vie, pour vous rapporter des scories en fusion, dans lesquelles ils ont enfoncé un sou de l'extrémité de leur bourdon. Souvenir brûlant qu'ils vous offrent, mais qu'on a bien garde de prendre avant qu'il ne soit complétement refroidi.

L'autre cratère, d'un naturel plus débonnaire, est l'*Otojano*, à gauche ; il ressemble à un large brasier de forge.

Les pierres qu'il expectore, de couleur éruginuse, retombent sans force près de l'endroit d'où elles sont sorties ; les émanations de soufre qu'il exhale vous prennent à la gorge.

Le plus grand amusement est d'y mettre des œufs à cuire ou d'y plonger, à diverses reprises, le bout rutilant de son bâton ; mais avant de se livrer à ces genres de distraction, il faut au préalable avoir fait le sacrifice de sa chaussure.

Le Vésuve est à 15 kilomètres de Naples. Sa base est de 40 kilomètres environ ; son altitude n'atteint pas 1,200 mètres. On jouit d'une très-belle vue de cette élévation, surtout au soleil couchant.

A gauche, la langue de terre de Sorrente s'avance vers l'île de Caprée[1] ; on dirait un point sur un i ; devant, s'étale une mer vélivole, dans

---

[1] Très-curieuse la grotte azurée de Caprée.

laquelle, à l'horizon, l'astre du jour plonge son disque rouge et embrase, de ses rayons de feu, la cité virgilienne câlinement assise sur sa baie, dont les maisons s'échafaudent en amphithéâtre et que domine le fier couvent des Camaldules [1].

La descente est plus rapide que l'ascension. Nous dévalons au bas, jusqu'à l'endroit où nous avions laissé nos dociles purs-sang, qui ne piaffent pas précisément d'impatience. Leur ardeur, s'ils en ont jamais eu, est bien calmée; nous les enfourchons cependant pour revenir à l'Ermitage, et passant devant l'Observatoire, nous entrons le visiter.

A la nuit close, nous étions de retour à l'hôtel.

Délicieuse journée, dont nous garderons longtemps une bien bonne impression.

[1] Monastère sur les sommités d'Agnano, plus élevé que le fort Saint-Elme. Les *Camaldoli*, qui se sont fondés en Toscane, se sont divisés après et sont venus à Naples, en 1822.

CHAPITRE VII

CHAPITRE VII

LA MAREMME DE TOSCANE. PISE. La Tour Penchée. La Cathédrale. Le Baptistère. Le Campo Santo. Mort de Mazzini. Origine des Bonaparte. — L'ARMÉE DE TERRE ET DE MER.

Le lendemain nous étions à Rome.

Le surlendemain soir nous arrivions à Pise, après douze heures désespérantes, passées en train omnibus ou perdues en arrêts interminables à chaque station.

De son point de départ, la *strada ferrata* court en droite ligne à la Méditerranée, laissant à gauche le champ de bataille d'Enée et remontant vers le nord, pour côtoyer les bords de la mer jusqu'à Civita-Vecchia [1], port sans importance; puis, elle s'en éloigne, pour venir frôler Orbetello et atteindre Grosseto. On traverse ensuite les marais de Castiglione, réputés très-malsains par les miasmes pestilentiels qui s'en dégagent et qui, pendant les chaleurs de l'été, provoquent les fièvres paludéennes auxquelles succombent trop souvent, hélas! les voyageurs imprudents qui se laissent aller aux douceurs d'un sommeil trompeur.

C'est à ce point que, chaque soir, les employés des gares avoisinantes sont obligés d'évacuer leur poste, pour ne pas subir l'intoxication de ces vapeurs malfaisantes.

On recommence maintenant à se rapprocher du littoral. Par un temps clair, on aperçoit distinctement les coteaux granitiques de l'île d'Elbe (Ilva), séparée par le canal de Piombino. Le même bras de mer baigne, sur le continent, *Populonia* [2], grand centre du monnayage chez les Etrusques. On ne sort de ces marécages que pour retomber dans d'autres, ceux des Maremmes [3], aussi insalubres,

---

[1] Autrefois Portus Trajanus; ses fortifications sont dues à Antonio San-Gallo (XVIᵉ siècle). — [2] Ceux qui étaient chargés de la surveillance dans la fabrication des monnaies s'appelaient: *Trevirs*, de ces trois noms: or, argent, airain. — [3] Il y a un proverbe italien qui dit: La Maremme est beaucoup plus agréable qu'elle n'est saine.

qu'on a cherché à améliorer cependant par des canaux et des tranchées, exécutés sur les ordres de Léopold II, grand-duc de Toscane [1].

Ferdinand Ier de Médicis [2] avait déjà tenté de les assécher. Les ingénieurs Ximénès, Ferroni Fantoni, y travaillèrent sans résultat.

La plantation d'arbres, tels que l'Eucalyptus, ne combattraient-ils pas ces germes morbifiques ? Pourquoi ne pas essayer ? N'a-t-il pas donné de très-heureux résultats en Algérie ? Il est même employé comme poteau télégraphique dans la province de Constantine.

On continue à rouler sur un terrain d'alluvion jusqu'à Livourne [3] (Herculis Liburni portus), ville de 30.000 âmes, avec cette réserve judicieuse de Jules Verne, dans le *Docteur Ox,* admettant une âme par chaque habitant. La peste noire de 1804, a bien pu déranger les cerveaux.

« Pise fut, dit-on, fondée par les Sicules sous le
« nom de *Teuta,* et reçut des Pélasges Tyrrhé-
« niens le nom qu'elle porte. Pline et Strabon [4] en

---

[1] Léopold II succéda à son père, François Ier, en 1765 (1747-1792). — [2] Ferdinand Ier (1551-1609), ami des arts et protecteur de Jean Bologne, Galilée, etc. — [3] Ses fortifications furent faites sur les plans de Buontalenti (XVIe siècle). Son beau port est dû à l'ingénieur français Poirel, en 1853, le même qui a fait le port d'Alger. — [4] Strabon (Strabo), célèbre géographe grec, né en Cappadoce, 50 ans avant J.-C.

« attribuent la fondation à des habitants de Pise,
« en Elide, après la guerre de Troie.

« Sous Auguste, elle était appelée *Julia Obse-*
« *quens*. Embellie par Adrien et Antonin le Pieux,
« elle fut saccagée par les Ostrogoths et les Lom-
« bards.

« Dès le IXe siècle elle est en république [1]. »

C'est donc une des plus anciennes villes de l'Italie. A une époque très-reculée, la mer battait ses murs [2], comme à Ravenne sous Auguste, à Nîmes au temps de Constance.

Rues larges et proprettes mais désertes. Cité déchue. *Sic transit gloria mundi!*

Les quatre monuments les plus remarquables : la Tour Penchée, la Cathédrale, le Baptistère et le Campo Santo, se trouvent groupés à l'extrémité septentrionale de la ville, sur la rive droite de l'Arno.

Un quatuor qui vaut bien un itinéraire changé, ce me semble? Ceci dit sans méchanceté, à l'adresse de mon infortuné compagnon, qui me fit une scène pour l'avoir détourné de son chemin. En vérité, un entêtement inqualifiable qu'il a eu depuis la franchise d'avouer.

---

[1] *Dict. d'Hist. et de Géog.*, de Dézobry et Bachelet. — [2] Aujourd'hui, elle est éloignée de la mer de 11 kil. Ravenne est à 6 kilom.; c'était le meilleur port des Romains sur l'Adriatique.

Le campanile fut commencé au XII⁰ siècle, par Bosanno et Guillaume d'Insprück. Son élévation est de 54 mètres, et l'inclinaison de 4 mètres de la verticale. Du reste, on se rend parfaitement compte de la déclivité en gravissant l'escalier; la propulsion est si grande, qu'inévitablement on va heurter la muraille à chaque étage.

Il y a plusieurs controverses sur les causes de ce phénomène statique. Les uns ont prétendu qu'il était le résultat d'un fait volontaire, d'une action préméditée, et les plus fanatiques propagateurs de cette idée y ont vu de suite, une fantaisie d'architecte, un caprice de l'art, que sais-je.

Les autres ont tout simplement pensé que le sol avait dû céder sous le poids de l'édifice. Cette opinion semble être la plus vraisemblable; ce qui la justifierait, ce sont les colonnades en marbre, superposées les unes au dessus des autres, formant ainsi sept étages, qui se trouvent plus courtes à la moitié de l'édifice, du côté de la pente. On a donc cherché à faire des corrections, sitôt qu'on s'est aperçu que le centre de gravité était déplacé.

La cathédrale, située seulement à quelques pas, et qui s'est affaissée dans la même direction, serait une autre raison tendant à faire prévaloir cette dernière hypothèse.

A l'une des voûtes de cette antique cathédrale

est encore suspendue la fameuse lampe de Galilée, celle qui lui fit découvrir le pendule (1582). Les guides ne manquent jamais de vous rendre témoin du phénomène de l'isochronisme, en imprimant au lampadaire un léger mouvement oscillatoire.

Au XIe siècle, la République pisane appela l'architecte Buschetto da Dulichio [1] pour la bâtir ; Rainaldo fit le portail, et tous les peintres, miniaturistes et sculpteurs de ce temps-là contribuèrent à l'enrichir.

Dans le même siècle, on vit s'élever à côté : le Baptistère, réédifié à plusieurs reprises, et le Campo Santo, que Giovanni Pisano [2] ornementa de sculptures vers la fin du XIIIe siècle. Le célèbre peintre Giotto décora les galeries de fresques très-fraîches, qui subsistent.

Au XIVe siècle, le peintre Antonio Veneziano [3] les compléta par des compositions harmonieuses.

Les sculpteurs Orgagna, Nicolas de Pise [4], Bartolini [5], y ont laissé de leurs œuvres, entre autres l'*Inconsolable* de ce dernier.

Parmi les ouvrages cyclopéens, on trouve des tombeaux grecs, égyptiens, étrusques et romains.

---

[1] Né vers l'an 1030. *Dulichium*, île de la mer Ionienne, dont Ulysse fut roi. — [2] Jean de Pise, mort en 1320. — [3] Antonio Veneziano, peintre vénitien (1310-1383). — [4] Nicolas de Pise, père de Jean de Pise, sculpteur et architecte, né à Florence, mort en 1270. — [5] Lorenzo Bartolini, né à Florence (1776-1850), célèbre peintre et sculpteur, a un groupe au palais Pitti.

On voit le sarcophage ayant servi de sépulture à la mère de la comtesse Mathilde [1], et de nombreux fragments de bas-reliefs, fûts de colonnes, etc. Les chaînes du port de Pise sont accrochées à la muraille. Prises comme trophées par les Génois, elles furent données aux Florentins, au XIVe siècle, qui les suspendirent à leur tour dans le Baptistère Saint-Jean. Elles ont été rendues enfin à leurs véritables propriétaires.

Notre présence à Pise coïncida avec les funérailles de Joseph Mazzini, carbonaro, antipapal, conspirateur, et autres états de services recommandables, qui vivait à Pise sous le nom de Georges Brown.

Ce jour-là, il y avait une effervescence inaccoutumée dans les esprits. Pise, la Délaissée, n'était pas reconnaissable. Une foule compacte, en proie à la plus vive agitation, et prête à entonner les *nénies*, encombrait les abords de la demeure mortuaire (vià dellà Maddalenà, n° 39).

Des groupes se formaient pour faire le panégyrique du défunt, se dispersaient tout à coup sur l'injonction des alguazils, et allaient se réunir plus loin. C'étaient, de la part des frères et amis,

---

[1] Sa mère était Béatrice, sœur de Henri II, femme de Bonifazio, seigneur de Mantoue. Le cardinal actuel, Mgr de Canossa (né à Verone en 1809), est un descendant de la comtesse Mathilde.

des gesticulations et de véritables pantalonnades de douleur.

Parbleu ! il n'en avait pas fallu tant pour monter des têtes si chaudes d'elles-mêmes, pour surexciter des esprits si ardents par nature. Les journaux démocrates avaient paru la veille, tout encadrés de noir, avec ces mots pleins d'angoisse et d'amertume :

Tutta l'Italia è in lutto :
Giuseppe Mazzini è morto ! ! !
(Ici plusieurs larmes.)

Les murs, placardés d'affiches, portaient également ces touchants *De profundis.*

Notre départ de Pise n'en fut que plus précipité. A deux heures, nous étions déjà en route pour Florence, sans regrets aucuns, on me croira, de n'avoir rien vu d'un enterrement civil, ni de l'enfouissement d'un conjuré ayant trempé dans tous les complots.

Avant Empoli, sur le trajet, on s'arrête à une petite ville de quelques milliers d'habitants : *San Miniato dei Tedeschi.*

Parmi les directeurs de l'abbaye de ce nom, on voit figurer celui de Buonaparte, vieil ecclésiastique, aïeul du grand empereur, et rejeton de cette nombreuse et illustre famille qui, émigrant de

Grèce au commencement du moyen âge, vint se fixer en Toscane et fut plus tard éparpillée sur le reste de la presqu'île italique, à la suite de ces sanglantes guerres intestines des Guelfes et des Gibelins, qui désolèrent si longtemps le pays.

Ce fut après ces agitations politiques, qu'une des branches, expulsée du Génovésat, se réfugia en Corse (1612) et y forma souche.

Le nom de Bonaparte aurait été pris par métonomasie, suivant un usage du temps.

Les généalogistes prétendent qu'ils tirent leur origine d'une famille grecque, Καλομερος, mot à mot la *bonne part,* nom qu'ils échangèrent à leur entrée en Italie contre son synonyme *buona parte.*

Les armes de la maison des Bonaparte consistent en un râteau et des fleurs de lys d'or.

Faisons maintenant un peu de statistique militaire et de stratographie, si vous le voulez bien. Je m'aperçois que, jusqu'à présent, j'ai négligé ce côté intéressant. Il y a là une lacune que je vais combler, en énumérant les différents corps de troupes avec leurs costumes, et comparant chacun d'eux aux nôtres, d'après leurs caractères similaires.

MARINE

Les forces navales ont subi de très-grandes améliorations ces dernières années. Tous les vaisseaux qui ne répondaient pas aux exigences actuelles, ont été impitoyablement sacrifiés et mis à la retraite.

Environ soixante navires non blindés et vingt cuirassés, de toutes dimensions, montés par environ huit mille matelots et quatre cents officiers, forment aujourd'hui le cadre de la marine italienne.

Dans le nombre des vaisseaux blindés, il faut comprendre le *Duilio,* nouvellement lancé, qui est à la Spezia, pour terminer son armement ; il sera muni de bateaux-torpilles. Le blindage sort du Creusot et les canons ont été coulés en Angleterre, dans les ateliers de fonderie de sir William Armstrong. Le *Dandolo* sera mis à l'eau le 10 juillet.

D'autres sont encore sur les chantiers [1] : l'*Italia* à Castellamare di Stabia et le *Lepanto* à Livourne, chantier Orlando ; ils deviendront tous deux les plus formidables engins de guerre connus jusqu'à ce jour.

On compte douze amiraux en Italie.

ARMÉE DE TERRE

L'ancienne organisation militaire a dû disparaître devant une nouvelle, revue, corrigée et

---

[1] Il y a d'autres chantiers encore, près de Gênes, à Sampierdarena, l'établissement Ansaldo.

considérablement augmentée. Elle a reçu le jour après plusieurs laborieuses années de réforme.

Tous les hommes valides sont soldats de vingt et un à trente-neuf ans, répartis en trois catégories : l'activité, comprenant le volontariat d'un an ainsi que la réserve, la milice mobile et la milice territoriale.

L'armée permanente est de plus de six cent mille hommes ; on peut appeler et mettre sur le pied de guerre près d'un million d'hommes.

Il y a sept corps d'armée.

Chaque régiment est divisé en bataillons, escadrons ou batteries, subdivisés eux-mêmes en compagnies, pelotons et sections. Les tambours ont été abolis, et les trompettes, dont le son est moins grave, leur ont été substituées.

Les soldats italiens touchent à peu près la même paie que les nôtres.

INFANTERIE. — Elle comprend, en infanterie de ligne et en infanterie légère, en activité, environ... trois cent mille hommes. L'infanterie de ligne est habillée de gros drap gris bleu avec passepoil rouge, cordonné aux coutures du pantalon. La longue capote d'ordonnance, de même couleur, tendrait à être supprimée et remplacée par une autre, plus courte et d'un bleu clair.

Les *Bersaillers* ou *Bersaglieri* rentrent dans la deuxième catégorie d'infanterie. Ce corps a été formé par le général Alphonse Ferrero, marquis de La Marmora [1], décédé à Florence le 5 janvier dernier.

Les Bersaglieri peuvent être assimilés à nos chasseurs de Vincennes, actuellement dénommés *chasseurs à pied*. Leur allure généralement vive et alerte, comme notre vélite, leurs chapeaux à larges bords surmontés de plumes de coq flottant au vent, leur donnent un véritable air de crânerie. L'habit qu'ils portent est court, bleu foncé, le pantalon est de même nuance, ainsi que la pèlerine, sorte de soubreveste.

CAVALERIE. — Le contingent de la grosse cavalerie et de la cavalerie légère est d'environ (en service) vingt-huit mille hommes. Chaque régiment de cavalerie correspond à un nom de province, de ville; il y a le *régiment Lucques cavalerie*, *Nice cavalerie*, le *régiment Piémont Royal*.

L'une porte le casque, l'habit bleu foncé et le pantalon gris clair, à bande jaune, rouge ou blanche, suivant le régiment.

La seconde ne diffère que par la coiffure, le kolbach.

---

[1] Le général La Marmora était né le 17 novembre 1804. Depuis 1870, il vivait complétement retiré à Florence, dans son *villino*, rue de Venise. Dans ses loisirs, il a écrit un ouvrage intitulé : *Un pò più di luce*.

Cavallerie pesante, dragoni, cavalliggiéri, telles sont les dénominations ordinairement employées.

Il y a, en plus, deux cents cuirassiers ou *gardes du roi*, ceux-là mêmes que les journaux illustrés ont représentés dans leurs gravures de la chapelle ardente du Quirinal, lors de la mort du roi de Novare.

Ils portent le casque en acier doré, avec une longue crinière, flanqué d'un panache blanc et rouge. La jaquette est bleue et le passepoil rouge. Cuirasse d'acier bruni, culotte en peau de chamois, bottes à l'écuyère.

ARTILLERIE. — Elle se compose de l'artillerie de campagne, de place et de siége, auxquelles on a adjoint les pontonniers, formant ensemble (en activité) plus de soixante mille hommes.

La veste est bleu foncé, le pantalon également bleu sombre avec passepoil jaune, le manteau est gris.

La constitution première comprenait un corps, depuis disparu, mais réuni à l'artillerie, dont il a endossé l'uniforme ; c'était le *treno,* vulgairement appelé *proviande*, chargé du service des ambulances, subsistances, tels que nos trainglots et l'intendance.

Le génie (*genio*), habit court bleu foncé et

passepoil rouge, pantalon bleu, comprend un effectif actif de onze mille hommes.

L'état-major général a l'uniforme bleu foncé avec ornements d'or, porte le spencer, et le képi a remplacé avantageusement l'affreux bicorne.

Les généraux, au nombre de cent trente, ont le casque.

Barba [1] Victor (comme l'appelaient ses vieux soldats), naquit à Turin, au palais Carignan, mais non à Florence, le 14 mars 1820, et mourut à Rome le 9 janvier 1878, cinq ans après Napoléon III (date pour date, mois pour mois). Il était monté sur le trône le 23 mars 1849. Son fils héritier, le roi Humbert Ier, né le 14 mars 1844, généralissime des forces de terre et de mer, a prêté serment le 19 janvier dernier.

[1] *Barba*, oncle.

CHAPITRE VIII

CHAPITRE VIII

L'arrivée à Venise. Ses gondoles. Le Grand Canal et ses Palais. Santa-Maria della Salute et l'église dei Frari. La Place et la Tour Saint-Marc. Le Palais des Doges. Son Gouvernement depuis le VII⁰ siècle jusqu'au XIX⁰ siècle. La Basilique. L'Arsenal. Le Jardin des Esclavons. Le Lido.

De *Firenze*, où nous n'avons fait cette fois qu'un court séjour de 24 heures, nous filons d'une traite sur *Venezia la Bella*.

Pour nous, les heures sont désormais comptées, et elles s'écoulent avec tant de rapidité dans cette belle partie de l'Italie, cette terre classique des arts, des sciences et des lettres, qu'il ne faut pas s'oublier, même dans la contemplation de ses chefs-d'œuvre.

Les principales stations dont nous avons successivement relevé les noms sur la route sont, après Bologne : Ferrare [1], Rovigo dans l'ancien pays des Lingons, et, au milieu des collines Euganéennes : Arquà [2], Padoue [3], la ville aux innombrables clochetons; sa fondation remonte à un guerrier troyen, parent de Priam, du nom d'Anténor [4], qui vint en Italie à la tête des Hénètes, peuple de la Paphlagonie, après le mémorable siége de Troie et la ruine de cette ville. Ce fut lui qui ouvrit la porte au fameux cheval de bois, fait par *Epeus*.

On passe le Pô et l'Adige, autrefois *Athesis*.

Sur le parcours, quelques treilles aphylles s'enlacent à des troncs d'ormeaux, se suspendent désespérément à leurs branches dénudées et rom-

---

[1] Ferrare, autrefois *Forum Alieni*, où pendant de longues années régnèrent les princes de la maison d'Este. L'auteur d'*Orlando* repose à Ferrare. — [2] Pétrarque (1304-1374) se retira à Arquà en 1370 et y mourut quatre ans après; on y voit son sarcophage, qui est en marbre rouge, supporté par quatre pilastres. — [3] *Patavium* anciennement, patrie de Tite-Live (59 av. J.-C. m. 19 après), de Jacques Dandi, célèbre mécanicien du XIV° siècle, et de Mantegna, grand peintre du XV° siècle.

[4] *Antenor potuit*..........................
....
Hic tamen ille urbem Patavi sedesque locavit.
(Liv. 1, v. 247. *Énéide.*)

pent ainsi la monotonie d'un pays plat, laissé momentanément en labour pour la culture des céréales ; voilà tout. A cette époque de l'année, aucune trace de végétation ne vient égayer l'œil ; on n'en voit pas les premiers rudiments.

Au loin, apparaissent les lagunes, qui sous les reflets de cinabre du soleil couchant, se profilent en masse sombre sur la surface miroitante des eaux, que la risée du soir caresse par instants de son souffle léger.

Peu de distance nous sépare encore de la reine de l'Adriatique.... reste à franchir un magnifique pont de deux cent vingt-deux arches, reposant sur quatre-vingt mille pilotis, et nous entrerons en gare.

Le train s'arrête...

Comme de coutume, nous nous précipitons, à la sortie, pour retenir notre.... Ouf! de quelle étourderie j'allais me rendre coupable, à la veille de devenir l'hôte de cette aimable Asplédon, cette Tyr du nord!

Il n'y a rien de fatal aussi comme la routine, pour vous faire commettre des maladresses. Nous sommes à Venise, et je l'oubliais, c'est impardonnable !

Ses rues sont des canaux et ses voitures des gondoles.

Donc point de citadines mal suspendues, roulant sur un terrain raboteux et soulevant derrière elles des nuages d'une poussière aveuglante, mais d'agiles esquifs effilés, armés à l'avant de tridents d'acier poli et rangés côte à côte le long du quai, prêts à s'élancer à l'*albergo* désigné, par mille circuits divers.

On se sent glisser doucement sur l'onde immobile, comme emporté dans une rêverie délicieuse sur le fleuve de l'Oubli.

Le bruit cadencé des rames, les appels répétés du gondolier, placé sur le château de poupe : « *a destrà* » « *a sinistrà* » troublent seuls le silence mystique qui nous enveloppe.

Après maints détours, où je suis à peine remis de la confusion de ces *calli,* enserrées dans de hautes murailles, qu'on a suivies de préférence pour abréger la route, nous passons sous le Rialto [1], superbe pont en marbre qui, d'un bond, rejoint l'autre rive par une seule arche de 28 mètres.

Le dessus, mis à couvert, protége un double rang de boutiques.

Les Venètes, peuple de Mèdes, dit l'histoire, vinrent aux temps les plus reculés occuper l'embouchure du Pô, les Sept-Mers, comme ils l'appelaient, à cause de ses sept embouchures, ou

---

[1] Construit par Antonio da Ponte, au XVIe siècle.

encore Électrides, nom donné par les anciens, de l'ambre que roulaient ses eaux (ηλεκτρον, ambre).

Les Venètes, poursuivis, en 452, par les Huns d'Attila, ces archers redoutables, se retranchèrent de lagune en lagune et s'établirent finalement dans l'île de Rivo-Alto, par syncope Rialto, qui devint le centre de leur colonie.

Nous voguons maintenant en plein Grand Canal, sinuant comme un S, entre les palais : Vendramin, de la duchesse de Berry, Pesaro, Cornaro, la Ça Doro, Morosini, Manin, Grimani, Pourtalès, du comte de Chambord, Barbarigo, Pisani, Mocenigo, Balbi, Foscari, de la danseuse Taglioni, etc., lesquels se forjettent çà et là avec leurs façades noires et austères, gracieuses ou éclatantes. On passe tour à tour du gai au sévère, du marbre fruste aux couleurs les plus chatoyantes.

Tout le long de ces *palazzi,* émerge une palée bariolée, où viennent se ranger les barquerolles, pour s'y amarrer à l'abri des abordages et du va-et-vient incessant de la navigation.

Le palais Cornaro, construit par Rossi, est aujourd'hui le Mont-de-Piété. La poste est dans le palais Grimani.

Le maréchal Baraguey-d'Hilliers, qui commandait en chef à Venise, en 1797, occupait le palais Pisani. Lord Byron habitait le palais Mocenigo, en 1818.

Quand les troupes françaises entrèrent à Venise, elles cernèrent le palais Balbi et tout le quartier S. Pantaleone, pour s'emparer des 200.000 sequins [1] d'or, que le duc de Modène avait été obligé d'abandonner dans sa fuite précipitée; ils furent trouvés, au contraire, dans la maison du ministre d'Autriche.

En s'engageant dans le canal qui baigne le palais Balbi et tournant à droite, on arrive au bout de quelques minutes à l'église des Frères, renfermant les tombeaux des doges Pesaro, Foscari, le mausolée du Titien et celui de Canova. Un des rares élèves de Canova, qui a terminé le groupe de la *Pietà* laissé inachevé par lui, vient de mourir à Bologne : Cincinnato Baruzzi.

Au bout de ce canal, où les eaux s'anastomosent avec la Giudeccà, à côté de la Doganà située sur la pointe extrême de l'île, s'élève la grande *cuppolà* de Santa Maria della Salute. Magnifique église, sans dimensions extraordinaires, bâtie cependant sur plus d'un million de pilotis.

Le sénat la fit édifier en 1651, à la suite d'un vœu prononcé pendant la peste de l'année 1630 ; de là son nom : la Madone du Salut.

N'est-ce pas fabuleux, un million de pieux ! Et le chiffre prend alors des proportions fantastiques,

---

[1] Le sequin valait 11 ou 12 francs.

si l'on veut préjuger de la quantité employée pour palifier la ville tout entière.

Nous mettons pied à terre sur la Piazzettà, et, au moment où nous attérissons, un individu armé d'un crochet s'élance pour.... maintenir la *barchetta* près du bord et nous faciliter le débarquement.

Deux monolithes de granit rose rapportés d'Orient supportent, l'un, la statue guerrière de saint Georges, premier patron de Venise, debout sur un caïman ; l'autre, le Lion ailé de saint Marc, l'Évangile qu'il tenait dans ses griffes a été perdu à son retour des Invalides. Il ne pouvait revenir intact.

A gauche, le Palazzo Reale, la Libreria Vecchia et la Zeccà ou Monnaie, construite par Sansovino[1], sur les ordres du doge François Donato[2] (1545-1553).

A droite, le palais des Doges, surélevé de deux rangs de portiques à ogives superposées, forme un angle droit dont l'un des côtés se développe sur la piazzà San-Marco, et l'autre, parrallèle au quai, s'étend jusqu'au petit canal (*rio*). Le pont de la Paille sert de *traghetto* en cet endroit et unit le Môle au quai des Esclavons.

Le gros de l'œuvre est un placage de marbres

---

[1] Jacoppo Tatti, dit le Sansovino, sculpteur et architecte né à Florence (1479-1570), éleva la Libreria Vecchia, le palais Dolfino, etc.
— [2] Il enrichit le palais ducal de tableaux et de statues.

de couleur disposés en losanges, percé sur chaque façade de sept fenêtres ogivales, anciennement à meneaux.

Le tout est un mélange de gothique et de byzantin, d'un caractère plein de séduction, attribué à l'éminent architecte Filippo Calendario (XIVe siècle), sur les plans duquel fut également construite la Ça Doro (Grand Canal).

Le forum vénitien est jour et nuit la place Saint-Marc. De belles maisons à arcades, les Proccuratie Vecchie et Nuove [1], la Basilique, qui à elle seule occupe toute la partie orientale, servent de riche cadre à ce vaste rectangle dallé en marbre, au milieu duquel s'élève la tour de même nom.

Sous ces longues galeries, des cafés alternent avec de brillants magasins de bijouterie, dont l'étalage rappelle, en plus petit, le Palais-Royal à Paris.

Les tables de ces cafés en général, et des cafés Florian et de la Quarantie en particulier, font un large emprunt sur la voie publique et permettent aux consommateurs, toujours nombreux, d'y deviser à l'aise entre un bock et un cigare *alla paglia*, d'y déguster ces fraîches *granites* parfumées qui s'y absorbent couramment, ou de savourer ces

---

[1] Construites vers 1583 par Vincenzo Scamozzi.

beaux fruits confits, passés dans de longues pailles, que des marchands ambulants tiennent à la main ainsi enfilés et vous offrent incessamment.

Je crois le Vénitien coupable de gourmandise, à en juger par son empressement trahissant inévitablement la convoitise, par l'air affriolé qui s'épanouit involontairement sur son visage, lorsqu'il fait choix de ces jolis bonbons à l'éclat cristallin.

Une singulière horloge [1], des frères mécaniciens, Jean-Paul et Jean-Charles Raniéri, de Reggio, surmonte la Procuratie Vecchie, et, les gros marteaux de deux moricauds, qu'ils s'échinent à soulever depuis des siècles, ont beau retomber lourdement sur l'airain sonore, l'heure avancée de la nuit apparaître lumineuse au cadran transparent, visible aux yeux de tous, une société *nyctaginée* dont regorge la piazza, n'en reste pas moins indifférente à la révolution nocturne qui s'opère, continuant à s'imprégner voluptueusement de ces belles nuitées pures et pleines de tièdes effluves qu'on ne retrouve que sous des latitudes plus méridionales.

Nous pûmes en jouir, et ces beaux vers de Lamartine nous revinrent en mémoire :

---

[1] Cette horloge fut bâtie en 1496, ainsi que la Procuratie Vecchie, par l'architecte Pierre Lombardo. La cloche et les deux nègres ont été coulés dans l'arsenal de Venise.

> La Nuit d'été, semblable à l'éternelle Aurore,
> Nous regardait d'en haut avec ses milliers d'yeux;
> Les Étoiles, ces fleurs que minuit fait éclore,
> Naissaient sous notre doigt dans le jardin des cieux.

Et la blonde Phœbé se montrait radieuse et fière, au sein de son cortége de feu, lançant sur le Grand Canal, comme un pâle reflet de lumière électrique, ses rayons mystérieux et argentés.

De noires gondoles allaient et venaient silencieuses, fendaient tout à coup la nappe phosphorescente et s'enfuyaient subrepticement comme des fantômes indécis, jetant à la brise indiscrète de timides aveux ou de plaintives élégies, confiant à l'écho bavard de charmantes mélodies, des barcaroles amoureuses et passionnées, ou encore une *cantilena*, sur la lyre ausonienne, douce et langoureuse comme le zéphyr qui la berce et nous l'apporte.

Aucune description ne pourrait en égaler l'enchantement. Le charme gît tout entier dans la magie des lieux qui l'encadre ; la poésie même, ce langage des dieux, ne saurait le rendre :

Vieni, la barca è pronta!	Viens, la barque est prête !
Lieve un' auretta spira,	Un doux murmure se fait
Tutto d'amor sospira,	Tout respire l'amour, [sentir,
Il mar, la terra, il ciel.	La mer, la terre, le ciel.

Vedi l'argentea luna	Vois la lune d'argent
Splende agli amanti amica;	Qui luit pour les amants;
E sembra che ti dica :	Il semble qu'elle te dise :
Corri alla tua fedel.	Cours à ta belle fidèle.
Vieni, la barca è pronta ! (bis)	Viens, la barque est prête! *bis*.
....	....
Deh! quanti flutti ha il mare,	Ah ! autant la mer a de flots,
Io tanti baci avessi !	Autant puis-je avoir de bai-[sers !
Vorrei lasciar con essi	Je voudrais laisser avec eux
Sulle tue labbra il cor.	Mon cœur sur tes lèvres.

Décidément, c'était bien la ville faite pour les intrigues et les amours, et les rapsodes érotiques, à qui on a reproché d'avoir brodé emphatiquement la ville galante sur le canevas de la Venise du XVIII° siècle, n'ont fait qu'exprimer la vérité. Ils l'ont chantée, mais ne l'ont point dépassée.

Les ballades de l'Arioste et du Tasse ont eu le plus de vogue ; aujourd'hui, elles sont presque tombées dans l'oubli. Cependant il est des gondoliers qui chantent encore la *Mort de Clorinde,* et le plus populaire d'entre eux est Antonio Maschio.

Si Moscou a ses corbeaux, Genève ses cygnes, Venise a ses pigeons. Pigeons familiers qui viennent sans façon s'abattre sur l'épaule du promeneur ou manger dans le creux de sa main.

Des milliers couvrent journellement la place Saint-Marc, à heure fixe, et la ville leur distribue la ration habituelle de graines, qu'ils picorent à l'envi. Touchante tradition, renouvelée du *diarium* des Romains, qui s'est perpétuée jusqu'à nos jours, avec cette différence toutefois que, chez les anciens, le *diarium* était fait en faveur des esclaves.

Une loi tutélaire promulguée sous la Sérénissime République défendait à tout citoyen de les tuer ; de là les légions toujours croissantes de la gent roucoulante.

Au milieu de cette place s'élève, ainsi que je l'ai dit, la tour quadrangulaire de Saint-Marc, surchargée à son sommet d'un pyramidion en ardoise, qui la coiffe comme un éteignoir et l'alourdit considérablement.

Elle fut commencée l'an 902 [1], en l'honneur de saint Marc, évangéliste [2] de la Cyrénaïque et disciple de saint Pierre, qui subit le martyre l'an 68, sous Néron. Son corps fut rapporté d'Alexandrie d'Egypte, en 815 ou 828 ; les Vénitiens prétendent le posséder depuis, à Saint-Marc.

Trois siècles après, vers 1178, le Campanile fut réellement terminé jusqu'aux cloches. En 1510, Bartolomeo Buono s'occupa à l'ornementer, et le

---

[1] Du reste, les tours carrées datent à peu près toutes du X° siècle.
— [2] Il écrivit l'Evangile à Rome, l'an 40.

grand Sansovino construisit l'élégante Loggettà, qui lui sert de base, entourée par une superbe grille, vrai chef-d'œuvre de fer ouvragé, dû à un artiste habile, Antonio Galli.

On arrive à ses cent mètres d'altitude, par une succession de plans graduellement inclinés, que Napoléon Ier eut, dit-on, la témérité de gravir, monté sur un cheval, en 1807.

De cette hauteur, assez respectable, les rayons visuels irradient aisément sur une étendue sans limite, embrassant à la fois plus de 600 kilomètres carrés de lagunes, resserrées de toutes parts par la mer.

Au nord, la Marche Trévisane et la chaîne des Alpes. En se levant un peu sur la pointe des pieds, on pourrait même apercevoir le Tyrol, par dessus les contre-forts lointains des monts Cadoriques.

Dans la direction du golfe de Trieste, nous distinguons la silhouette d'un vapeur de la Compagnie du Lloyd Autrichien, noyé dans les brumes marines de l'Adriatique.

A un mille devant nous, s'allonge l'étroite langue de sable du Lido, élevant un rempart au brisement des flots et formant une rade foraine, spacieuse, toujours sûre pour les navires. Des péottes, contrariées par un vent debout, cherchent à sortir en louvoyant.

A l'est, les côtes de l'Istrie, et à l'occident, la

Péninsule, réunie à la ville par l'unique viaduc que nous avons traversé en venant.

Au dessous, la ville dessine la figure géométrique d'un immense triangle isocèle, dont le sommet serait tourné au levant. Une infinité de canaux la divise en tous sens et quatre cents ponts mettent en communication directe plus de cent îlots ; d'autres, plus détachés du groupe, ressemblent à des îles flottantes emportées au large par le courant, telles sont : la Giudeccà, Saint-Georges Majeur, Lazzaro degli Armeni, Malamocco, Murano, Chioggia, Torcello, etc.

A peine redescendus de notre observatoire et mesurant alors de l'œil l'élévation qu'il atteint, nous sommes accostés par un interprète, qui s'intitule avec orgueil « Guide du Palais des Doges », et nous remet sa carte glacée, avec l'apparente conviction d'un homme bien pénétré de la dignité de ses fonctions.

Aux paroles insinuantes qu'il nous adresse, nous nous décidons à le suivre dans le palais Ducal.

La cour intérieure nous frappe d'étonnement par sa beauté monumentale ; elle est ornée au milieu de deux citernes en bronze, où des *bigolante,* jeunes filles du Frioul, viennent puiser de l'eau pour la porter chez leurs clients.

Soixante-dix grosses colonnades en marbre, où

s'intercalent de magnifiques statues, également en marbre, soutiennent ce superbe édifice. Ses fondations ont été refaites en 1602, par Bartolo d'Alessandro.

L'horloge est due à l'architecte Bartolomeo Monopola (XVIIe s.). L'escalier des Géants est de A. Rizzo (1485), et les statues colossales de Mars et de Neptune sont de Sansovino (1554). Les sculpteurs Domenico et Bernardino de Mantoue, l'architecte André Palladio, l'ont aussi embelli.

Nous montons l'Escalier d'or et nous arrivons par des couloirs dans des salles riches en incunables. Plus de dix mille ouvrages, parmi lesquels on cite des manuscrits arabes offerts par le cardinal Bessarion, sont, nous dit-on, étroitement rangés dans ces longues bibliothèques. On y voit le beau camée de Jupiter Egérien, qui fut apporté à Paris en 97.

Les voûtes sont décorées de fresques par Salviati; le plafond est de Paul Véronèse.

Viennent ensuite les galeries de tableaux, plus faites assurément pour le plaisir des yeux que toutes ces collections de livres, reliure antique et parcheminée, à la valeur desquelles on est obligé de croire sur la foi d'un cicerone, patriote à l'excès.

Les plus grands maîtres de l'École Flamande et de l'École Vénitienne y sont représentés, sous les noms illustres des Van Dyck, des Tintoret, des Titien, des Véronèse, etc.; ces trois derniers ont surtout beaucoup fait pour Venise.

On y admire une grande quantité de toiles fort belles, reproduisant les luttes sanglantes sur mer des Turcs aux prises avec la Venise guerrière.

On reconnaît dans ces combats le pinceau des Palma [1], des Bellini [2], des Bassan [3], des Liberi, et surtout le coloris vigoureux de Paul Véronèse.

On signale encore des œuvres de Cortone, Passignano, du Dominique, Antonello de Messine [4], Andreà del Castagno, Bordone [5], du Fresnoy, Giorgion, Jean d'Udine, Mollo, Verrochio, Varotali [6], Schiavon [7], Pardemone, Mantegna, disséminés aux quatre coins de la ville, dans les églises et dans les musées privés ou publics.

La grande salle contient les portraits de doges: *Contarini, Orseolo, Gradenigo, Bembo, Morosini.* Sur le balcon de la fenêtre principale, d'où la vue est très-belle jusqu'au Lido, s'avançait jadis la

---

[1] Palma Jacopo, dit le Jeune, né à Venise (1544-1628). — [2] Famille de peintres vénitiens des XV° et XVI° s. — [3] Famille de peintres italiens XVI° et XVII° s. — [4] Passa pour avoir appris la peinture à l'huile en Flandre et l'avoir communiquée en secret à Dominique, qui en fit part à Andreà del Castagno (XV° s.). — [5] Pâris Bordone, peintre, né à Trévise (1500-1570). — [6] Alexandre Varotali, dit il Padovanini, peintre, né à Padoue (XVI° s.). — [7] Mort à Venise (1522-1582).

dogaresse, pour assister au mariage solennel du doge avec la **Mer Supérieure.**

Nous allons être conduits tout à l'heure dans ces froids corridors, de sinistre mémoire, où se sont passés tant de drames horribles, que l'histoire a enregistrés avec dégoût et qu'elle nous a transmis, d'âge en âge, comme autant de monstrueux forfaits.

Un invincible frémissement me parcourt le corps, à la pensée d'entreprendre une aussi lugubre promenade.

Tout d'abord, et c'est le prologue, on nous fait entrer dans une salle qui était publique, sorte de grande chambre carrée, décorée aujourd'hui de plusieurs tableaux.

A l'une des parois de la muraille est pratiquée une petite ouverture, plus longue que large, semblable à l'orifice d'une boîte aux lettres, avec laquelle il y a du reste parfaite connexité d'emploi. Par là, on jetait les billets anonymes qui accusaient du crime de lèse-majesté, ou de tout autre acte de perduellion envers l'État, des citoyens innocents pour la plupart, à qui s'attachaient des haines ou des jalousies personnelles. Une tête de lion indiquait plus sûrement le trou, et par cette gueule, introduisait qui voulait des cédules noircies de calomnies odieuses. Sur des soupçons fondés ou non, souvent même sur des indices trompeurs, de pauvres gens paisibles et sans autorité s'étaient vus cruellement dénoncés.

Dire qu'il y en avait d'assez scélérats pour envoyer à une mort certaine d'honnêtes concitoyens, dont le seul tort avait été de leur déplaire. Misérables lâches! Et les traîtres qui ne savaient même pas griffonner trouvaient le moyen d'exercer, comme les autres, leurs infâmes vengeances, en déclarant leurs mensongères accusations par la « bouche à dénonciation. »

Ces impostures, ces bulletins apocryphes, étaient portés de suite dans le sénaculum du Grand-Conseil.

Les jugements étaient péremptoires et sans appel.

La fatale sentence prononcée, les noms des condamnés étaient inscrits sur les diptyques criminels. On les faisait prendre, garrotter et incarcérer sans plus tarder, sous les plombs, où ils étaient exposés à une touffeur insupportable, ou dans les prisons (*pozzi*), cachots immondes et verdâtres, desquels ils entendaient, en tressaillant de rage, les cris joyeux de la foule en fête.

A chaque coude que forment les galeries, on se sent en proie à une émotion plus horripilante.

Nous n'en sommes plus au protase, mais bien à la partie du dénouement. Plus de fiction, hélas! nous voilà en face de ces affreuses cellules, hantées de souvenirs tragiques, dont les portes, en s'ouvrant, grincent désagréablement sur leurs gonds rongés par la rouille, comme le cri strident que fait une lime sur la scie qu'elle aiguise.

La procédure était mystérieuse, les exécutions étaient secrètes. Elles avaient lieu là, oui, en cet endroit, dans des couloirs sombres et humides, à la lueur vacillante d'un lumignon, posé dans une niche, carrée, pratiquée *ad usum*.

Ici on décapitait ; des rainures livraient passage au sang qui coulait des victimes et tombait dans des puisards. Leurs cadavres étaient descendus, à l'aide d'un croc, dans une barque, qui allait ensuite les immerger dans le canal Orfano. Il y avait prescription de ne pas y pêcher.

Franchissant le pont des Soupirs, nous voulons voir les prisons où les malheureux allaient attendre leur tour.

Que de terribles choses tous ces murs raconteraient, si on leur donnait la parole ! Que de sourds gémissements poussés, que d'heures d'angoisse à ces moments suprêmes, lorsque les dalles résonnaient sous les pas retentissants des bourreaux !

Les ombres de ces suppliciés semblent errer dans ces lieux solitaires, et leur glaciale haleine vous fait frissonner. Les noms des Carmagnola, Casanova de Seingalt, Silvio Pellico, bourdonnent à nos oreilles comme des mouches importunes.

Un récit en amène un autre, et, en fait de fausses accusations, le champ est vaste, la récolte facile dans la ville des sicaires et des aventures romanesques.

Un pauvre boulanger se rendait chaque matin, dès la pointe du jour, pour faire cuire son pain. Il trouva une fois sur son chemin un poignard, puis la gaîne, et il se baissa sans méfiance pour les ramasser tous deux.

Des sbires vinrent à passer sur les entrefaites, et dame ! une arme à la main, à une heure aussi indue, le rendit naturellement suspect aux yeux du barigel, qui s'en saisit pour l'emmener en prison.

Il comparut devant le sanhédrin, et, le 18 mai 1364, il avait la tête tranchée comme auteur présumé d'un crime qui avait été commis durant cette fatidique nuit.

Ses protestations d'innocence n'avaient point réussi à attendrir les avogadors, et il allait courageusement subir la peine capitale, lorsqu'il se redressa subitement pour prononcer ces seules paroles : « Avant la fin de l'année mourra le véritable meurtrier, mourront aussi les juges qui ont signé ma condamnation. »

Ces menaces, qui jetèrent partout le plus grand effroi, s'accomplirent en partie.

En effet, le vrai coupable, nommé Gerolamo

Cornaro, vint à mourir, et sur sa couche dernière, le moribond avoua son crime, demandant pardon à Dieu et aux hommes d'avoir fait condamner un innocent.

En sorte d'expiation à cet arrêt injuste, le Conseil des Dix ordonna qu'à l'avenir deux lampes brûleraient continuellement à la façade sud-ouest de l'édifice Saint-Marc; il fit en même temps placer ces mots dans la Salle de Justice, comme un rappel perpétuel à Messieurs les juges :

Souvenez-vous du pauvre boulanger.

Pour se faire une idée précise des différentes constitutions qui régirent Venise, pendant plus de onze siècles, il convient de déterminer cette hiérarchie gouvernementale sur un tableau synoptique, en le faisant suivre de détails explicatifs:

DOGE.
GRAND-CONSEIL.
AVOGADORS. PREGADI.
SÉNAT.
CONSEIL DES DIX. QUARANTIE.

Le duc ou doge (du latin *dux,* chef), était le premier magistrat de la ville. Sa femme était appelée dogaresse. Le lieu de sa résidence prenait le nom de dogado et la durée de sa charge dogat.

Paul-Luc Anafeste revêtit le premier la dignité

ducale en 697. Il fut avec ses successeurs de véritables souverains jusqu'en 1173. A cette époque, le doge cessa d'être inamovible et on créa le Grand-Conseil annuel, composé de quatre cent quatre-vingts membres qui devaient partager le pouvoir avec lui.

Telle fut l'origine de la puissante aristocratie de Venise.

L'autorité du doge diminuait tandis que celle du Grand-Conseil s'accroissait à ses dépens. Son prestige était perdu pour toujours. Son auréole de gloire ne devait plus jamais briller du même éclat.

Le Grand-Conseil institua, en 1180, une nouvelle magistrature, qu'il nomma les Avogadors, au nombre de trois. Ils étaient élus pour seize mois et remplissaient dans les tribunaux l'emploi du ministère public.

Plus tard, leur puissance s'effaça devant l'établissement du fameux Conseil des Dix.

Le Grand-Conseil ne se borna pas à établir les *Avogadors*, il créa les *Pregadi*, c'est-à-dire les Priés, qui, composés de soixante notables, avaient pour mission de surveiller les Doges. Ils étaient *priés* de délibérer avec eux sur les affaires importantes. Le Doge se trouvait, comme on le voit, complétement paralysé dans ses pouvoirs. Son rôle n'était plus qu'un mythe : un bonhomme de paille, habillé de pourpre et coiffé d'un *covato*.

Vint ensuite le Sénat (de *senex*, vieillard), au nombre de soixante membres, comme les *Pregadi*, qu'il était du reste destiné à remplacer. Il émanait du Grand-Conseil, dépositaire de la souveraineté, au milieu duquel il était choisi.

Lorsque la triple révolution aristocratique de 1296, 1298 et 1315 eut renversé le Grand-Conseil et établi le Livre d'Or, le Sénat acquit une importance prépondérante. Il dirigea les affaires générales de l'Etat, sous la surveillance du Conseil des Trois et du Conseil des Dix, lequel venait d'être formé à travers cette période agitée, de 1310, après la conspiration de Tiepolo [1], qui échoua la veille du jour où elle devait éclater. Le Livre d'Or fut alors fermé ; l'élection du Grand-Conseil devint héréditaire.

Le Conseil des Dix (tribunal secret, tiré du Grand-Conseil ou Sénat) était, comme l'indique le nom, composé de dix citoyens. Il veillait à la sûreté de l'Etat, prévenait les complots, jugeait les crimes de trahison et disposait arbitrairement du bien et de la vie des hommes. En 1454, il avait pris dans son sein le terrible triumvirat des Inquisiteurs, qui avait complété le gouvernement idéal d'oligarchie.

Créé d'abord temporairement, le Conseil des

---

[1] Tiepolo avait voulu tuer le doge Pierre Gradenigo, dissoudre le Grand-Conseil et renverser l'aristocratie.

Dix devint un aréopage autocrate et perpétuel de 1335 [1] à 1797, où il disparut devant nos troupes.

La Quarantie comprenait quarante membres, de là sa dénomination, et s'occupait de tout ce qui n'était pas du ressort du Conseil des Dix.

On appelait provéditeurs, des officiers publics chargés du soin de la flotte, de la défense des lagunes et de la direction d'une partie de la police.

Les baillis étaient envoyés dans les possessions vénitiennes de l'Archipel et y remplissaient les fonctions de gouverneur. Les procurateurs s'occupaient du bien des églises.

Au XV° siècle, Venise était une des principales puissances de l'Europe. Son drapeau flottait dans tout l'Orient. Elle s'appelait elle-même, sans fausse modestie, la Dominante.

Au XVIII° siècle, elle n'était plus que la Somptueuse ; ce fut du reste l'âge d'or pour toute l'Italie.

Bonaparte vint précisément l'attaquer dans cette phase de volupté. Il s'en empara le 16 mai 1797, pour la remettre après sous la domination autrichienne.

---

[1] En 1335, le doge Marino Faliero, pour un léger motif, étendit sa haine sur la noblesse et entraîna les plébéiens dans son complot. Il fut décapité. Un de ses descendants vient de mourir tout dernièrement à Vienne, le comte Carlo Faliero. L'intrigue du nouvel opéra de *Zilia*, paroles de M. Thémistocle Solera, musique de M. Gaspard Villate, se rattache à ces faits historiques. Un grand nombre des documents sus-relatés ont été extraits du *Dict. d'Hist. et de Géog.* de Dézobry et Bachelet.

Daniel **Manin** ne put supporter cette servilité pour ses compatriotes et travailla, de 1830 à 1848, à réveiller chez eux le moral et l'énergie, affaiblis par la mollesse. Emprisonné par les Autrichiens, il ne recouvra la liberté qu'à l'insurrection de Milan.

La République de Venise proclamée, il fut mis à sa tête.

Il mourut à Paris en 1857, et ses restes reposent à Saint-Marc depuis 1868.

En 1849, Venise est reprise par les Allemands et elle en est délivrée dix ans après par Napoléon III. En 1866, elle commença à faire partie de l'unité italienne.

Trois grands mâts vénitiens, terminés par des anémoscopes, s'élancent de socles en bronze où ils sont implantés et s'alignent majestueusement devant la Basilique.

Au haut de ces hampes élevées, où ondoyait naguère l'étendard rouge de Saint-Marc, flotte aujourd'hui fièrement, les jours de fêtes, le pavillon réal tricolore, aux armes de la maison de Savoie : croix latine sur fond de gueules.

Très-curieuse la cathédrale [1] de Venise. De couleur tout orientale, elle résume à la fois plusieurs

---

[1] Elle fut commencée l'an 977.

genres : le roman, le byzantin, l'ogive et la renaissance. Sa forme est celle d'une croix grecque.

Au milieu est un narthex surbaissé, décoré en plein cintre de magnifiques mosaïques.

Deux autres portes, faisant pendants harmoniques, s'ouvrent de chaque côté, et six gros pilastres à champs, cantonnés d'un double étage de colonnettes doriques en marbre, viennent s'intercaler entre chacune d'elles.

Au dessus, règne devant toute la façade une galerie à balustrade. La même ordonnance architectonique se répète à l'étage supérieur, légèrement en retraite.

Sauf l'arcade du milieu qui est une vaste demi-lune de vitraux peints, surhaussée en ogives, avec frise en saillie ornant le pourtour de l'arc, lequel porte au front le lion ailé de saint Marc [1], la griffe sur l'Évangile éployée, les autres, au nombre de quatre, sont des panneaux pleins illustrés de fresques. Les archivoltes sont également fouillées, fleuronnées; l'ogive se marie aussi au plein cintre et se termine par des statuettes d'amortissement.

Des clochetons, avec niches et saints à mi-hauteur, les séparent à intervalles égaux.

Cinq gracieux dômes hémisphériques, à stries concentriques, avec lanternons à jour et pignons

[1] Saint Marc est figuré par un lion dans la vision d'Ézéchiel, voilà pourquoi les Vénitiens l'ont pris comme symbole de leur république.

élégants, complètent cet ensemble réellement splendide. C'est fin, léger, coquet et ravissant.

Au centre de la terrasse, placés sur des acrotères en marbre, s'avancent quatre chevaux en bronze, dont la vie est tout un roman. Ces palefrois, dits de *Corinthe,* furent faits par Lysippe [1] pour Alexandre-le-Grand [2].

Tiridate Ier [3], roi d'Arménie, les posséda, on ne sait comment, et en fit présent à Néron, en échange de la couronne qu'il reçut de ses mains. Ils figurèrent aux quatre angles de sa statue colossale, à Rome.

Transportés par Constantin [4], à Byzance, ils y restèrent jusqu'à l'époque de la quatrième croisade [5], vers 1204, où ils furent repris par le doge Dandolo [6] et apportés à Venise. De là, ils allèrent à Paris, en 1803, former le quadrige sur l'arc de triomphe du Carrousel [7] et ils revinrent à la place

---

[1] Lysippe, contemporain de Diogène, statuaire grec qui florissait vers l'an 350 av. J.-C., était né à Sicyone. Il était un des trois artistes qui eurent le rare mérite de travailler pour Alexandre-le-Grand, lui le bronze, Praxitèle le marbre et Apelle la peinture. — [2] Alexandre-le-Grand, roi de Macédoine, descendait d'Achille par sa mère. — [3] Pendant son séjour à Rome, il recevait de Néron 800.000 sesterces (132.000 francs environ), par jour, raconte Suétone. — [4] Constantin Ier les fit transporter lorsqu'il fonda Constantinople, vers 330. — [5] La quatrième croisade fut prêchée par Innocent III. — [6] Enrico Dandolo (1110-1205). Les Vénitiens forcèrent le port de Constantinople, de concert avec les Français, qui eurent leur part dans le butin. — [7] Alors on les remplaça par le quadrige du célèbre sculpteur Bosio, natif de Monaco en 1767, mort à

qu'ils occupent depuis 1815, à la plus grande joie des Vénitiens.

A l'intérieur de la basilique, les murailles sont revêtues de fort belles fresques de Velasquez [1], mais on remarque surtout le placage des voûtes, sur fond de chrysocale, dans le style byzantin le plus pur (XIe s.).

J'en ai conservé quelques fragments, tombés à nos pieds au moment où nous levions la tête pour les admirer. Ce sont de simples petits cubes de verdal, ayant un centimètre carré environ et recouverts d'une mince couche d'or.

Au bout d'une longue et laborieuse navigation à travers des plexus de canaux étroits, nous débarquâmes dans l'arsenal. Comme dans tous les arsenaux, il y a mille choses à visiter : la corderie, la fonderie, les chantiers de construction, où se trouve actuellement le futur aviso *Mercantonio Colonnà*.

A l'entrée, nous sommes reçus par des lions en marbre du Pirée, dont Morosini [2] dépouilla Athènes, en 1686.

Paris en 1845. Les figures de la Victoire et de la Paix sont du baron Lemot (né à Lyon 1773, mort à Paris 1827). C'est dans sa délicieuse retraite, au milieu des ravissantes garennes de Clisson (à une heure de Nantes), qu'il a composé son ouvrage intitulé : *Voyage pittoresque dans le Bocage de la Vendée*. — [1] Louis-Gonzalès Velasquez, né à Madrid (1715-1764). — [2] Doge de Venise, un des plus habiles guerriers de son siècle (1618-1694).

Musée très-intéressant. Des dépouilles opimes turques y font les plus grands frais d'ornement. La nudité des murs a littéralement disparu sous la quantité innombrable de tougs, fanions et drapeaux à croissant, arrachés à l'ennemi, déchiquetés par la mitraille, fanés par le temps. Au milieu de ces chiffons glorieux, sont disposés avec art des panoplies d'armes blanches : guisarmes, alfanges, espontons et un grand choix d'épées : glaives romains, brettes du moyen âge, espadons, carrelets, estramaçons, scramasaxes ; ainsi que des trophées composés d'arquebuses, pertuisanes, hallebardes, lances, javelots, sarisses, brands ou lourds glaives à deux tranchants dont on faisait usage pour décapiter les dénoncés.

On y découvre des instruments de torture, des ceintures de sûreté ; le mari soupçonneux en conservait la clef dans sa poche. On y voit la chaise curule de Napoléon Ier et l'armure authentique de Henri IV, précisément celle qui fut donnée en présent à la République et réclamée en 1796 par le comte de Lille, comme ayant appartenu à son illustre aïeul [1].

[1] On se rappelle qu'à cette époque (en 1796), le Ministre des Relations Extérieures demanda au gouvernement vénitien que Louis-Stanislas-Xavier, comte de Lille, qui n'était autre que Louis XVIII, fût banni du territoire de Venise pour avoir osé agir dans ces États comme roi de France. Louis XVIII fut contraint d'obéir, et c'est à ce moment qu'il réclama l'armure de Henri IV, et qu'il voulut rayer

Cette *oploteca* possède la copie du *Bucentaure,* trirème toute ruisselante d'or que Napoléon fit brûler dans Saint-Georges en 1797, après s'être emparé des richesses qu'elle contenait. Chaque année, au jour anniversaire de la victoire de Sébastien Ziani, Sa Sérénité le Doge montait sur cette galéasse pour aller jeter son anneau dans la mer, à la façon de Polycrate qui en avait rêvé la conquête.

Ces épousailles commencèrent l'an 1177, à l'occasion de la victoire précitée. Elle eut pour résultat la trêve conclue entre le pape Alexandre III [1] et Frédéric Barberousse [2].

La ville hospitalière ne nourrit pas que des colombes. Elle a des chevaux, au nombre de cinq, prenant quotidiennement leur galop d'exercice dans les allées d'un unique jardin public, situé sur le prolongement de la *Ripà degli Schiavoni*, à la pointe de la Motte.

Cette promenade est une création de Napoléon Ier et lord Byron en profita, un des premiers, pour montrer son talent de cavalier émérite, au grand *épatement* des populations maritimes.

---

de sa main, sur le Livre d'or, le nom des Bourbons. Mais, parti sans délai, ses réclamations en restèrent là. — [1] Alexandre III, Roland de Bandinelli (1159-1181). — [2] Empereur d'Allemagne (1121-1190).

Qui aurait jamais songé à l'existence de sportsmen vénitiens? Cela est pourtant vrai, et tout récemment, la *Gazette de Venise* a eu à enregistrer un curieux faire-part, encadré de noir, ainsi formulé : « Dans la première heure de ce soir est mort dans sa boxe et au milieu de ses lauriers, à l'âge de vingt-sept ans, le Nestor des chevaux de course italiens, *Rondello,* qui, dans sa longue carrière, a remporté cent soixante-dix-huit drapeaux.

« Le propriétaire porte cette perte hippique à la connaissance de tous.

« Crespano-Veneto, 19 avril 1878.
« Giovanni Rossi. »

Quant à moi, je ne voulais y croire et je pensais malignement à une exhibition de chevaux de bois, mais j'ai bien été obligé de me rendre à l'évidence. De là, pourra-t-on se dire, à créer maintenant sur une lagune, un hippodrome pour les courses et à organiser un tir aux pigeons, mais il n'y a qu'un pas de progrès à faire.

Les *shooters* du royaume auraient d'ailleurs un aliment facile à leur hécatombe, sur le marché toujours abondamment fourni de la place Saint-Marc, et les amateurs du turf trouveraient, j'en suis certain d'avance, l'idée assez originale pour la réaliser.

Le *Sport* publierait les noms des vainqueurs avec une légitime surprise, mettrait ceux des favoris à l'article **Nos Appréciations** et les *bookmakers*, heureux de compter un meeting de plus et enchantés d'exploiter le bon public, s'en iraient de par les Alpes glapir de leur voix pittoresque : *Voici le côôte ! Qui veut le belle côôte ?*
Venise justifierait en même temps sa renommée, d'avoir été la ville de tous les siècles, en devenant, au jour d'aujourd'hui, la patrie adoptive des sports les plus en vogue, et l'on n'en entonnerait que mieux le refrain connu d'*Haydée* :

> C'est la ville aux joyeux ébats ;
> *Pariez-y,* mais n'y parlez pas.

Le Lido est à la fois un lieu choisi pour les fêtes populaires et une station balnéaire très-recherchée des Italiens.

D'un côté des restaurants, de l'autre un établissement de bains. Là on s'encage dans des tonnelles rustiques ; ici, la vue n'a point de bornes.... la mer. Spectacle éternel et éternellement beau !

Les vagues, soulevées par la *bora*, s'élèvent en gradins les unes au dessus des autres, arrondissent leur dos, se forment par bataillons serrés et se déploient en longs plis diaprés, frangés d'argent : elles approchent, se précipitent, roulent sur elles-mêmes et viennent, en murmurant, expirer à nos pieds sur le sable fin.

Pour passer une revue générale, voir ce qui a pu nous échapper et emporter de cette ville de marbre la plus chaude impression, nous entreprenons un véritable périple, la veille de notre départ, avec une gondole prise *per unà giornatà* [1].

Notre but a été largement rempli aussi bien que la journée, durant laquelle tous les monuments et toutes les curiosités ont défilé sous nos yeux, comme des vues photographiques dans un stéréoscope.

Du théâtre de la *Fenice*, nous ne connaissons que le dehors. La place Saint-Marc ayant, comme vous le savez, conquis tous nos suffrages, nous lui avons fidèlement consacré nos soirées.

A l'ancien palais Sernagiotto, nous avons assisté aux transformations les plus extraordinaires que subit le verre sous les doigts d'un ouvrier habile. On le trouve en forme d'yeux artificiels, on le tréfile aussi fin que des brins de soie et il se plie alors à tous les caprices de l'homme inventif; on en fait des plateaux, des dessous de lampes, voire même, je crois, des cravates.

Les ravissantes *millefiori* se fabriquent dans l'île Murano avec du sable tiré de Polà, située sur la côte istriote. Cette industrie était toute florissante dès 1489.

[1] Les gondoles se paient 1 franc l'heure et 0,50 cent. les suivantes. La journée est de 5 fr. 25 et le prix double à deux rameurs.

Venise s'attribue l'invention du papier. Le premier livre, les premiers journaux, sortirent de ses presses, et les caractères typographiques sont attribués à un enfant de Venise : Alde Manuce. L'édition la plus célèbre est la *Magontina,* parue en 1459.

Suivant Riccoboni, né à Modène au XVIIe siècle, le premier opéra fut joué à Venise, en 1637.

Contre toute attente, nous subissons à la sortie, et non à l'arrivée, la visite douanière. Cet usage est maintenant changé.

— *Gh'an quaicoss de dazi ?* nous demande un fonctionnaire, portant le costume vert-bouteille d'un garde des eaux et forêts.

— *Niente affato...,* et nous passons outre.

CHAPITRE IX

CHAPITRE IX

Lombardie-Vénétie. Milan. Le Dôme. Saint-Charles Borromée. Palais Royal. Galerie Victor-Emmanuel. Arc de triomphe du Simplon. Amphithéâtre de l'Arenà. La Scalà. — Le Lac Majeur.

Deux cent quatre-vingt-cinq kilomètres nous séparaient de Milan, soit 7 heures 1/2 de chemin de fer.

Sont successivement échelonnées sur la route, antiques par leur origine ou célèbres dans les annales militaires, les villes de : Padoue, déjà nommée.

Vicenzà, Montebello, Veronà [1], patrie de Catulle [2], de Cornelius Nepos [3] et des Gibelins de la Scala [4]. On laisse plus haut Rivoli, plus bas Solférino, Mantoue [5] la Blanche et Crémone au sud-ouest. Celle-ci vit naître Stradivarius [6], celle-là revendique la gloire d'avoir donné le jour à l'immortel Virgile.

On a repassé l'Adige avant d'entrer en Lombardie.

Brescià [7] est la première station importante de cette province, puis on franchit l'Oglio, tributaire du lac d'Iseo, pour arriver à Bergame [8], qui fut la ville natale de Bernardo Tasso [9], père du Tasse, de Donizetti [10], etc.

Tout ce territoire, rendu fertile par des fleuves, rivières, lacs, cours d'eau, qui l'arrosent en tous sens, mis à l'abri du vent glacial du nord (*tramontane*) par ce gigantesque espalier alpestre qui

---

[1] Vérone fut fondée par le général gaulois Brennus, à qui elle doit son nom : *Brenona*, d'où on a fait Veronà ; patrie de François Scipion, marquis de Maffei (1675-1755) poëte littérateur. — [2] Catulle (85-57). Ses œuvres furent retrouvées aux environs de Vérone, au XIVe siècle, et publiées par Benvenuto Campezani. — [3] Cornelius Nepos, contemporain de Catulle et de Cicéron. — [4] L'écusson portant un râteau blanc était le parti des Gibelins, un râteau rouge celui des Guelfes. — [5] Bianor ou Ocnus, fils du Mincius et de la pythonisse *Mantua*, vint fonder cette ville (Liv. X, *Enéide*). Elle est fortifiée de bastions, lacs et marais impraticables. — [6] Illustre facteur d'instruments à cordes du XVIIe siècle. — [7] Ancienne Brixia ; patrie du mathématicien Castelli (1577-1644), disciple de Galilée. — [8] Anciennement Bergomum. — [9] Naquit en 1493 et mourut en 1569. — [10] Gaëtano Donizetti (1797-1848).

l'enveloppe des bords de l'Adriatique jusqu'au golfe Ligustique, ne forme qu'une vaste mûreraie où l'on cultive le ver à soie avec succès. La sériciculture est devenue une des plus grandes prospérités de l'Italie septentrionale [1].

La vue de ces riantes vallées réjouit l'âme, tandis que l'aspect de cette frontière naturelle, s'élevant comme un rempart inébranlable, en impose par sa majesté. Quel attrait perpétuel et quel objectif constant offert à l'homme contemplatif !

Les yeux recherchent instinctivement ces contours fortement dessinés, ils aiment à errer de l'un à l'autre et à se reposer tour à tour sur ces croûpes énormes, couvertes de neiges sporadiques.

L'imagination demeure stupéfaite et comme en suspens devant cet entassement de monts, dont les ressauts cachent des failles béantes et des gorges sombres, devant ces cîmes proéminentes, têtes orgueilleuses éternellement coiffées de calottes blanches, qui se reflètent harmonieusement dans le bleu profond des lacs de Garde, de Côme et du lac Majeur [2].

---

[1] L'agronome Charles Verri (1743-1823) fut un fort bon conseiller pour les Milanais, dans un ouvrage qu'il a laissé sur l'art de cultiver les mûriers. C'est par Venise qu'ont été importés d'Orient en Occident le millet et le mûrier. — [2] Anciennement, lacus : Benacus, Larius et Verbanus.

An ne lacus tantos? te, Lari maxime, teque,
Fluctibus et fremitu assurgens, Benace, marino? (Géorg., v. 158.)

Côme a été la patrie des deux Pline. Curieux phénomène de flux

Pendant plus d'une heure on contourne le premier de ces lacs, suivant à plaisir ses moindres échancrures, en dépit des tracés vulgaires des voies ferrées. MM. les Ingénieurs semblent par extraordinaire avoir dérogé à leurs habitudes et s'être laissé séduire cette fois par la beauté des sites.

Ces flots d'azur ourlés d'écume, ces rives enchantées, ces barques à demi hissées sur les berges, m'ont rappelé le troisième acte de l'une des meilleures pièces d'Eugène Scribe.

Que de bonheur et de folle jeunesse rattachés à ce fugitif tableau ! Je me vois encore, entrant à l'Opéra Comique, pour la première fois de ma vie, et assistant à une première.

Les années auront beau s'accumuler, que ces tendres souvenirs ne s'effaceront pas ; d'autres, sans nombre peut-être, viendront s'y ajouter, sans les étouffer jamais.

Dans ce désordre d'idées, de réflexions orogra-

---

et de reflux qu'on remarque sur le lac de Côme et relaté par Pline le Jeune (Liv. IV, Lettre XXX à Licinius.) Sur la rive orientale, près de Torno, où on voit cette curiosité, est une villa qui a conservé le nom de *Villa Pliniana* Liv. IX, Lettre VII à Romanus, Pline parle des charmes de ses villas, dans l'une desquelles il peut pêcher sans sortir de sa chambre et presque de son lit. Côme fut encore la patrie de l'inventeur de la pile de Volta: *Alessandro Volta* (1745-1827), à qui Pavie vient d'élever une statue, due au ciseau d'un des plus grands sculpteurs milanais : *Tantardini*. Pendant trente ans, Volta occupa une chaire à l'université de Pavie.

phiques et de pensées rétrospectives, la machine époumonée, qui nous traîne, ramène bruyamment à la réalité par sa toux lancinante et on se sent rapidement emporté déjà loin de ce bassin aux tons de saphirine.

Le temps passe, les heures se pressent, les villes fuient, mais la chaîne des Alpes reste toujours, sous son manteau virginal, la plus captivante et la plus fidèle compagne de voyage, jusque dans la cité des Della Torre, des Visconti, où nous faisons notre entrée par la porte Orientale.

A la suite de Bellovèse, *Lucio Tarquinio Superbo regnante,* les Insubriens sortis de la Gaule Transalpine vinrent jeter les premiers fondements de Milan, qu'ils appelèrent *Mediolanum* et dont ils firent leur capitale [1].

[1] Les Insubres, peuple originaire du pays des Eduens, vinrent au VI° s. av. J.-C., fonder cette ville. (Suivant Strabon, les Venètes du pays de Vannes, Bretagne, firent partie des bandes de Bellovèse). L'an 222, les Romains s'en emparent et l'empereur Maximien en fait la capitale de ses états. Maxence renouvelle la persécution contre les chrétiens et accuse Constantin de la mort de son père; il se prépare à la guerre, Constantin de son côté prend en mains le Labarum, *Hoc signo vinces* (étincelant, avec le monogramme du Christ dans une croix d'or), et il marche sur Maxence, qu'il culbute près de Rome au pont Milvien. Dès 195, les Insubriens disparaissent complètement et leur pays redevient une province romaine jusqu'en 568, où les Lombards la soumettent, en lui laissant son nom, pour rester sous la domination carlovingienne jusqu'en 960. En 1150, elle se déclare en république et Frédéric Barberousse la détruit en 1162.

Depuis, elle a toujours su tenir honorablement son rang de Métropole, même au vis-à-vis de Rome, qui lui a si véhémentement disputé cette suprématie, alors qu'elles se trouvaient en lutte, l'une comme siége du paganisme, l'autre comme centre de la chrétienté, après le célèbre édit de Constantin.

Aujourd'hui, c'est une superbe ville dans l'acception réelle du mot. Le surnom de la Grande qu'elle a reçu n'est donc point un titre usurpé.

Ses rues sont généralement gaies, croisées elles-mêmes par d'autres grandes voies, plus animées : Corso V.-Emmanuel, vià Torino, Carlo Alberto, Stradà Alberghà, qu'embellissent à leur tour les palais : Buscà, autrefois Serbelloni, Ciani, Littà, Brerà, Belgiojoso, Vismarà [1], Marini [2], Monzà habité par Napoléon Ier, en 1805.

La bibliothèque Ambrosienne est non loin de la Stradà Alberghà.

Ses monuments publics et religieux sont très-remarquables.

Vient en première ligne la cathédrale du Dôme,

En 1385, elle est au pouvoir des Visconti et passe aux mains des Sforza en 1450. Puis viennent Charles VIII, Louis XII, François Ier Charles-Quint. En 1700, elle est à l'Espagne. Bonaparte la soumet en 1796, et en 1805 elle retourne à l'Italie, pour tomber sous le joug autrichien de 1815 jusqu'en 1859. Elle a commencé à faire partie de l'unité italienne en 1863. — [1] Maison Vismarà, enrichie par Michelozzi. — [2] Palais dû au Génois Galeas Alessi.

en marbre poli de Carrare, aussi légère qu'une dentelle de Malines, construite sur la Nuovà Piazzà del Duomo [1].

Commencée en 1386, elle fut à peu près terminée au XVIᵉ siècle par Pellegrini, qui fit la façade. On y trouve le style renaissance fusionnant avec le gothique flamboyant [2].

Vue d'en bas, elle constitue certainement un très-bel ensemble d'élégance, mais elle perd cette richesse d'ornementation merveilleuse de détails, qui n'est appréciable que de près, sur les pans surbaissés du dôme, au milieu du jardin botanique, comme on le dénomme avec raison.

Impossible d'avoir déployé plus d'art, apporté minutie plus laborieuse. Chaque plante imitée est en marbre blanc, et de ce fouillis marmoréen, de ces buissons de frêles graminées, jaillissent mille flèches sveltes et gracieuses, tapissées de figurines, surmontées en amortissement de statues allégoriques. Des princesses ont été représentées en Muses par Canova, Ferdinand IV sous les traits de Minerve, Napoléon Iᵉʳ en Hercule.

[1] La place dei Mercanti, qui est très-proche, était autrefois la place principale. — [2] L'origine de cette église est assez confuse. Il y eut de nombreuses difficultés à vaincre, notamment en 1490 les travaux furent arrêtés, à cause de certains dissentiments existant entre les architectes allemands et italiens. Léonard de Vinci contribua par ses connaissances à clore les débats ; il a donc aussi lui sa part à la gloire du monument.

Toutes les déités de l'Olympe ont été personnifiées, et le tout est d'une finesse d'exécution et d'une perfection inénarrables, un travail de patience à nul autre pareil.

Il ne peut même, à mon avis, être établi un rapprochement avec la cathédrale de Cologne, à laquelle on l'a souvent comparée à tort [1].

Au dessus de la plate-forme centrale, s'élève encore un clocher, délicatement évidé, qui au lieu d'écraser l'édifice par sa construction massive, l'enhardit par sa hauteur; sa légèreté en complète la décoration.

La vue y est splendide d'ordinaire, mais une guilée intempestive dérobe à nos yeux la campagne environnante, comme derrière un rideau humide. A peine pouvons-nous distinguer la ville, dans un périmètre de six kilomètres.

Descendus de ce campanile, l'étonnement nous attend au seuil de la basilique, sur ses pavements en mosaïques, devant le revêtement de ses nefs latérales, en face de ses dimensions audacieuses et de ses pinacles élancés.

Les voûtes aériennes sont soutenues par des faisceaux de colonnades et éclairées par de magnifiques verrières, dont les mille couleurs

[1] La cathédrale de Cologne n'est pas complétement achevée et n'est pas construite en marbre.

s'irisent sur le marbre et l'animent, le rose tendre lui donne des carnations de chair.

Elle a la forme d'une croix et à l'intersection de ses branches, est la crypte, dans laquelle repose saint Charles Borromée, revêtu de sa chape et de ses habits sacerdotaux, coiffé d'une mitre constellée de pierreries ; ses gants, ses mules sont pattés d'or. Sur la poitrine est une croix montée en émeraudes, d'une valeur de plus de 500.000 francs.

La fierté qui le contient est en cristal de roche, glissée elle-même dans une seconde en argent massif ciselé, d'un prix inestimable.

L'un des côtés seulement est mobile et monte ou descend à volonté dans une rainure, au moyen d'une manivelle. Par son mouvement ascensionnel, le panneau démasque la précieuse verrine, à travers laquelle on aperçoit couché le saint vénéré.

Archevêque pendant la peste qui ravagea Milan en 1576, il ne craignit pas de s'exposer à tous les dangers de ce terrible fléau, passant son temps dans la prière et à soigner lui-même les malades, exhortant les uns, confessant les autres ou leur donnant la communion.

Sa charité, son héroïsme, furent exemplaires. Comme récompense à ce rare dévouement, le pape Pie IV, son oncle, lui remit la barrette du cardinalat, mais il ne devait pas rester longtemps exalté à la pourpre... Huit années plus tard, il succombait à une cruelle maladie de poitrine, à l'âge de quarante-six ans [1].

Après sa canonisation, les habitants se placèrent sous le double vocable, et de saint Ambroise [2], leur premier patron, renommé par sa douceur, sa justice, et de saint Charles Borromée, loué pour son abnégation et sa piété.

Les peintres Mignard et Vanloo ont fait plusieurs toiles représentant saint Charles au milieu des pestiférés.

A gauche du Dôme est la piazzà dellà Corte ; le palais du Roi en occupe le fond. Mais rien de royal dans la façade de cette demeure ; les appartements seuls ont droit à nos hommages de reconnaissance, pour la variété des tableaux des guerres dites d'Italie, qui garnissent les lambris, et pour le bon ordre qui a présidé à leur classement.

Cette collection est bien à sa place. Rare mérite, qui la rend à ce titre doublement intéressante. Ne sommes-nous pas sur le théâtre même de ces campagnes victorieuses qui ont illustré nos armes à un demi-siècle d'intervalle ?

Tout autour de nous résonnent des noms glo-

---

[1] Saint Charles Borromée naquit sur les bords du lac Majeur, en 1538 : il avait depuis longtemps le germe de la maladie qui l'emporta. — [2] Saint Ambroise, évêque (340-397).

rieux. Quelques-uns ont déjà frappé nos oreilles sur le parcours, et bientôt, nous traverserons des champs de bataille dans leur plus grande largeur.

Devant ces pages coloriées, qui sont nos fastes et notre histoire prise sur le vif, on se sent presque ému.

En un instant, on se rend compte, bien mieux qu'après la lecture des meilleurs récits, de la valeur déployée par nos braves soldats dans ces sanglantes journées.

En une heure, nous avions passé en revue ces puissantes légions, défilant au pas de charge, clairons en tête, ou luttant corps à corps, superbes dans le feu de l'action.

Là, chaque engagement mémorable a son cadre d'or, chaque régiment son Iliade ! Les généraux en chef apparaissent dans la mêlée, perdus dans des nuages de poudre : Lannes [1], Masséna [2], Niel [3] et le Héros de Magenta, reconnaissable à première vue, qui, de son bras tendu, contient ses zouaves et ses turcos impatients d'en venir aux mains, réprimant ainsi du geste une mâle ardeur tout africaine.

[1] Au milieu du champ de bataille de Montebello est le bourg de Casteggio, où le maréchal Lannes se couvrit de gloire contre les Autrichiens, 9 juin 1800. Le 20 mai 1859, le général Forey s'y distinguait aussi. — [2] Masséna, né à Nice (1758-1817), duc de Rivoli, prince d'Essling, ne fut fait duc qu'en 1807, après avoir maintenu énergiquement les Russes en Pologne. — [3] Adolphe Niel naquit dans la Haute-Garonne (1802-1869) ; maréchal en 1859.

Cette pinacothèque souveraine est une sœur cadette de celle du Luxembourg, exposée sur les rives de l'Olonà, ayant aussi ses Gros et ses Horace Vernet. On y remarque surtout les victoires de Napoléon Ier, reproduites à fresque par Andreà Appioni [1].

Le plus grand passage connu fait face au Palais, à l'aile droite de la Basilique, par conséquent, au commencement du Corso Vittorio-Emmanuele.

De nombreux Cafés-Restaurants se pressent sous cette galerie vitrée et offrent aux étrangers tout le confortable nécessaire. On y boit même un excellent vin d'Asti, *vino bianco spumante,* qui mousse et pétille comme du champagne, tout en ayant goût de muscat.

Je me souviens qu'en hôtes assidus, nous fûmes un jour témoins de la fureur légitime d'une bonne dame, assise à une table voisine de la nôtre, qui reçut en plein visage le contenu d'une de ces bouteilles. L'aspersion fut pénible, on le conçoit.

Cette galerie monumentale devient le soir le point de ralliement de tous les Milanais, poussés par la curiosité, attirés par l'étalage des beaux magasins ou en quête d'une soirée peu coûteuse à passer aux Cafés-Concerts.

[1] Peintre milanais (1754-1818).

Plébéiens et patriciens, bourgeois et gentilshommes, flâneurs et dilettantes, se coudoient dans la plus parfaite promiscuité. Les uns, les plus avides, pénètrent immédiatement dans le sanctuaire de la divine Euterpe; d'autres, mélomanes moins ardents, font les cent pas et cherchent, en passant, à attraper au vol quelques lambeaux de phrases musicales.

Une foule épaisse fait toujours cercle devant l'entrée de ces salles pour écouter la *serenata*. A chaque fois qu'une porte s'ouvre à un nouvel arrivant, quelques notes émiettées viennent jusqu'à elle. C'est une bonne aubaine, et cela suffit ainsi au charme de plusieurs heures. Etant admis que la badauderie est de toutes les latitudes, je n'hésite pas à déclarer que la typhoïde instrumentale et vocale est assurément de celles sous lesquelles vivent plus particulièrement les Italiens.

L'éclairage général est très-brillant et s'opère d'une façon aussi simple qu'ingénieuse.

Sur l'entablement supérieur, règne dans toute l'étendue une longue file de lampions qui, par le déploiement et l'élévation qu'ils atteignent, ne peuvent être régulièrement et promptement allumés, sitôt la nuit, comme de simples quinquets.

Alors on a imaginé un railway microscopique, rempli d'esprit de vin et muni d'une mèche qu'on enflamme.

Le tout, mû par un mécanisme, reçoit un mouvement d'impulsion et la locomotive miniature ainsi lancée, court autodynamiquement sur deux rails, allumant à son passage tous les becs de gaz, mieux que ne le ferait un homme de profession.

D'une obscurité douteuse on passe subitement à la plus vive clarté. La corniche s'illumine comme par enchantement, tressant ainsi au dessus de vos têtes un cordon de feu.

Des places, des colonnes commémoratives, des arcs de triomphe, des églises restaurées, des monuments de tous genres, que Napoléon a fait construire ou terminer pour consommer son œuvre de gloire, se retrouvent à chaque pas.

Signalons d'abord le Forum Bonaparte (1802), à côté de l'ancien château des Visconti et des Sforza, dans lequel les Allemands se maintinrent six semaines avant de se rendre aux troupes républicaines (premiers jours de juin 96).

Pour parachever dignement cette route frayée à travers le boulevard des Alpes, l'arc du Simplon ou de la Paix s'est bientôt dressé à l'extrémité nord de la place d'Armes, où cinquante ans plus tard, l'armée autrichienne, qui arrivait à la débandade de l'affaire de Magenta, s'arrêtait exténuée de fatigues.

L'attique porte cette épigraphe :

ALL'SPERANZE DEL REGNO ITALICO
AUSPICE NAPOLEONE I
I MILANESI DEDICARONO L'ANNO MDCCCVII
E FRANCATI DA SERVITU
FELICIMENTE RESTITUIRONO
L'ANNO MDCCCLIX

....

ARCHITETTO CAGNOLA.

Le sextige qui le surmonte est de San-Giorgio.

A peu de distance de là, s'élève l'amphithéâtre de *l'Arena,* bâti en pierres granitiques sur les vastes plans du Colisée de Rome, qui lui a du reste servi de modèle.

Durant la bonne saison, on y organisait : courses en chars, combats de taureaux, joûtes sur l'eau ; des conduites habilement disposées à cet effet, détournaient le cours de la rivière, transformant presque instantanément ce stade dans lequel les champions venaient de mordre la poussière, en une belle nappe fraîche, où les spectateurs n'assistaient plus désormais qu'à une série de plongeons forcés.

Devant ces gradins vides et cet hippodrome désert, le visiteur doué d'un peu d'imagination, peuplant à sa guise toutes ces banquettes solitaires, mêlant la richesse des costumes militaires aux simples vêtements de la populace, les toilettes élégantes des Milanaises aux habits brodés des hauts fonctionnaires italiens, couvrant l'arène de toréadors, picadors, drapeaux rouges, bœufs sauvages d'Ibérie, le visiteur, dis-je, aurait pu se croire à ces luttes émouvantes qui passionnaient tant nos ancêtres, les Romains, sous les César, les Néron, les Titus, les Domitien, les Commode, au milieu de la pourpre des proconsuls et des habits de lin des plébéiens, du peplum des matrones et de l'angusticlave des chevaliers.

La foule débouche par ces vomitoires, la trompette sonne et l'intendant des jeux donne le signal....

Ces *Panathénées* subalpines ont bien changé. Savez-vous ce qui les a remplacées? Les tirs aux pigeons, qui, je vous prie de le croire, sont aujourd'hui fort en faveur auprès des colombophiles de l'ancienne Transpadane. C'est aussi ce qui me faisait préconiser, auprès des Vénitiens, ce goût invétéré de leurs compatriotes pour les oiseaux de Vénus.

7 Pigeons à 24 mètres,
3 pigeons manqués entraînant la mise hors concours, etc.

Telles sont les conditions rigoureuses du Tir International de la joyeuse Milan, lesquelles me paraissent non moins sévères que celles du Grand Prix de 20.000 francs, de Monaco, remporté par les Patton, les Arundell, dont les noms s'inscrivent chaque année, sur le ring, en verres de couleurs et restent gravés sur le marbre en lettres d'or.

L'affiche effritée du jour, accolée sur tous les murs de la capitale, portait en gros caractères noirs d'imprimerie :

AÏDA

Grand Opéra en quatre actes. Musique du maëstro G. Verdi.

ACTRICES :

Mmes Maria Waldman.... *Amnéris*, fille du roi d'Egypte.
Teresina Stolz...... *Aïda*, esclave éthiopienne.

ACTEURS :

MM. Povoleri Paride, Giuseppe Fancelli, Ormondo Maïni, Franscesco Pandolfini, etc.

L'orchestre était conduit par il signor Franco Faccio, le même qui est venu à Paris avec cent vingt-huit musiciens *di primo cartello,* pour se faire entendre à l'Exposition universelle, encouragé, lui et ses exécutants, par quatre généreux mécènes milanais, qui ont mis à leur disposition la bagatelle de 25 à 30.000 francs, afin de soutenir la vieille réputation *Scalane*.

La Scala ne pouvait s'offrir à nous sous de meilleurs auspices, c'était le premier hiver que cette pièce était montée sur la scène de Milan.

Nous profitions donc d'une primeur et la salle, égale à celle de San-Carlo, était bondée de monde, depuis le parterre jusqu'aux combles. Les loges regorgeaient de riches patriciennes aux blanches épaules, des fleurs dans les cheveux en augmentaient l'éclat. A chaque entr'acte, ces bouquets mouvants disparaissaient derrière un petit boudoir attenant, où l'on cause, joue, soupe (*veglione*), où l'on reçoit amis et invités, tout aussi bien que dans un aristocratique salon du noble quartier Saint-Germain.

Un magnifique suisse, ventru, chamarré de passementerie et de quincaillerie, remplit à la porte le rôle d'introducteur et rend au besoin le service d'aller prendre votre billet au guichet, mais... toute peine mérite salaire, et ma foi, le gredin le prélève largement, sans prévenir.

La subvention annuelle de la Scala est de 175.000 francs ; ce qui la met, par ce chiffre, au troisième rang des théâtres d'Italie et au onzième de ceux de l'Europe.

Aux quatre points cardinaux, les portes de la ville ont leur histoire.

A côté de la porte Orientale, par laquelle nous sommes arrivés de Venise, se trouve le Lazaret, où eut lieu l'inauguration solennelle de la République Cisalpine, le 9 juillet 1797.

Le maréchal Mac-Mahon, après la bataille de Magenta, fit son entrée triomphale par la porte Vercellinà, à l'est. Non loin de là, Léonard de Vinci possédait, en 1499, une petite vigne de 16 perches de superficie, qu'il avait reçue en cadeau de Louis le More.

Masséna pénétra dans Milan par la porte méridionale, le 14 mai 1796, avec dix mille hommes de troupes et la municipalité se porta au devant de lui pour le recevoir (porte Romaine).

Napoléon Ier entra par celle de Marengo ou du Tessin.

A la distance de 13 kilomètres de la porte Comasine (au nord), est Monza, dépositaire de la couronne de fer des rois Lombards, celle qui fut portée par un maître de cérémonies dans le cortège funèbre du roi Victor-Emmanuel.

Elle est en forme de diadème et garnie d'une bande de fer provenant, assure-t-on, d'un clou de la Passion.

La *jettatura* des cochers nous poursuit impitoyablement. Nous nous trouvons ici en présence d'un automédon fantasque, qui nous laisse tranquillement monter dans sa voiture, lui fait faire quelques tours de roue et s'arrête... Impossible d'en obtenir davantage.

Mi fa tornar la testà, lui dis-je avec humeur, et nous en prenons promptement un autre, pour ne pas manquer le train d'Aronà.

Deux heures après, nous descendions sur les bords du lac Majeur, dans la patrie de saint Charles, en l'honneur de qui on a élevé une statue colossale en bronze.

Le steamer va remplacer le chemin de fer, c'est toujours le même principe de locomotion, la vapeur.

Un service régulier relie les deux points lacustres les plus extrêmes : Aronà et Magadino, séparés par une longueur de 60 kilomètres.

De fréquentes escales sur tout le trajet permettent aux touristes les plus insatiables de multiplier leurs incursions à leur convenance, ou tout au moins de les choisir.

Pour nous, voulant être le soir même à Milan, et par conséquent profiter du bateau en retour, nous nous faisons débarquer aux îles Borromées, qui s'éparpillent étroitement sur ce saphir liquide, enchâssé dans de hautes moraines.

Les *insulæ Cuniculares,* comme les appelaient les Romains, se composent de : *Isoletta,* colonie de pêcheurs, *Isola Madre,* couverte d'orangers et *Isola Bella*[1], que nous avons visitée précisément.

---

[1] En face, on nous montre la villa Stresa, villa de prédilection de S. A. R. la Duchesse de Gênes, sœur du Roi de Saxe, mère de la Reine Marguerite.

De délicieux jardins surétagés en massifs compacts, des lauriers, des cèdres, servent d'asile à toute une république paisible de tourterelles sauvages, qui viennent y roucouler dans la plus douce quiétude.

Comme les colombes, dans les bois de Chaonie, elles y sont nées, y ont aimé et y finiront leur innocente existence.

C'est le seul et éternel concert dans le mode chromatique qu'on connaît, le *to coo* anglais, qui égaye le palais austère du vieux comte Borromée (que le hasard par parenthèse nous a fait rencontrer sur le même bateau en revenant), un des descendants de cette noble et illustre souche, comme le cardinal-archevêque Borroméo lui-même, qui habite actuellement le palais Altiéri, à Rome.

Dans une des chambres de cette antique demeure seigneuriale, où Napoléon Ier passa la nuit, la veille de la bataille de Marengo, on vous montre le lit qu'il occupa et qui a conservé la même place, le même baldaquin, les mêmes tentures.

Sur le tronc d'un arbre séculaire, on lit le mot *Battaglia,* bataille, écrit par ce grand guerrier. Le mot a subsisté, de la main qui l'a tracé il ne reste que poussière.

CHAPITRE X

CHAPITRE X

Le Piémont et la Haute-Italie. Turin. Palais Royal. Musée d'armures. Les momies égyptiennes. Oratoire Saint-François de Sales. — La Supergà.

La *ferrovià* passe à travers le champ de bataille de Magenta et les rizières qui le sillonnent.

Sur un tertre se dresse un monument sépulcral, marquant la place où reposent les héroïques débris de cette mémorable et sanglante journée du 4 juin 1859. Dix mille hommes y furent tués ou mis hors de combat, de part et d'autre.

Plus loin, remontant le cours des siècles en même temps que les lignes onduleuses du Novarais, les plaines avant Verceil se trouvaient aussi couvertes de combattants et l'air retentissait de l'épouvantable fracas de la guerre, 30 juillet 101 av. J.-C.

Cent mille morts et blessés jonchaient le sol. Marius avec son collègue Catulus avait taillé en pièces les Cimbres et les Tigurins, tout en leur enlevant soixante mille prisonniers.

Que d'horribles scènes de carnage, dans cette belle partie de la Péninsule, aujourd'hui si verdoyante !

Si, feuilletant l'histoire, on se donnait la peine de grouper tous les faits connus, depuis les temps les plus reculés, en énumérant les conflits incessants, les attaques violentes et les combats meurtriers, auxquels donnèrent lieu l'envahissement successif dans les vallées du Pô: des Sicules, des Liguriens et des Libuens, des Ombriens, des Rasènes, des Gaulois, des Carthaginois et des Romains eux-mêmes, quelle lugubre nomenclature on aurait à faire [1] !

Si encore, en voulant rendre un témoignage

---

[1] Les Sicules, race de Pélasges, 1700 ans av. J.-C. Liguriens ou Ibères, race dont faisaient partie les Libuens, furent chassés d'Espagne par les Gaulois. Ombriens, peuple de Gaulois. Rasènes, sortis de la Rhétie, 800 ans av. J.-C.

éclatant à la mémoire de ces robustes guerriers morts pour la défense de leurs droits et de leur indépendance, *pro aris et focis,* on élevait un mausolée ou on plantait un cyprès à l'endroit où chacun d'eux a succombé et trouvé l'oubli, quel aspect triste et morne prendrait alors ce jardin de l'Europe!

Un tapis d'asphodèles s'étendrait sur ces frais vallons, à la place où se déploient, en longue draperie d'or, des milliers d'anémones précocement épanouies. La Gaule Cisalpine éplorée ne serait plus qu'un vaste cimetière, ayant pour clôture naturelle des monts et des mers et pour ombrage une forêt sombre d'ifs étiolés, hantée d'oiseaux nocturnes, dont le vol sinistre et les cris déchirants viendraient encore obscurcir ce tableau de deuil et de désolation.

Là, sont ensevelies en paix, sous cette croûte de terre qui leur sert de suaire, confondues pêle-mêle dans la poussière, les cendres éparses des vieilles races autochtones ou étrangères: pélasgiques, illyriennes, ibériennes, celtiques, phéniciennes et latines.

Après les Ibères, les conquérants du globe semblent s'être concertés pour choisir l'Italie septentrionale comme terrain de leurs agressions et comme théâtre de leurs farouches exploits.

Sans revenir à ces différents peuples et aux Romains en particulier, qui ont rêvé l'asservissement du monde et promènent la ruine tout autour d'eux, brûlent et renversent ce qui s'oppose à leur passage, saccagent les villes et jettent l'effroi parmi les Liguriens qu'ils ont domptés sur ce chemin, qui leur a ouvert la conquête des Gaules (en une seule fois ils en dispersèrent quarante-sept mille) ;

Sans parler de la sainte cause pour laquelle Constantin agite son Labarum et marche afin de combattre Maxence ;

Voyez ces phalanges mercenaires qui sortent des bois épais de la Germanie, comme des fauves de leurs tanières, descendent des montagnes, inondent la plaine et se ruent sur l'Ausonie, en vociférant leur bardit, ce sont les Visigoths, les Goths, les Huns, les Vandales, les Hérules, les Ostrogoths conduits par Alaric, Ataulphe, Attila, Genséric, Odoacre, Théodoric et autres chefs forcenés.

Ce sont les Grecs, qui les remplacent, ayant à leur tête l'eunuque Narsès ; les Lombards, qui viennent du Nord, et les Francs de Charlemagne qui accourent à la voix du pape Léon III.

Ce malheureux pays est toujours sur la grande route des invasions, et c'est Rome qui lui vaut cela, car Rome a soif de gloire et la gloire n'a jamais engendré que des jaloux, à l'affût de ses faiblesses, toujours prêts à s'élancer sur l'*Urbs* des Césars, à la première occasion opportune.

Mais arrêtons-nous là pour clore ce martyrologe.

Turin, passant en tant de mains, changea souvent de noms.

Le dernier maître lui donnait le sien pour qu'il se perpétue et passe à la postérité. Cela, flattant l'orgueil d'une nation, caressait l'ambition de son chef.

La vanité a toujours été de ce monde.

Elle fut appelée : *Bodincomagus, Taurasia* et *Taurisca, Colonia Julia* sous César, *Augusta Taurinorum* par Auguste, *Torino* en italien.

Des Liguriens, qu'on nommait Tauriniéri ou Taurini, paraissent en avoir été les premiers fondateurs ; mais, conquise par Annibal, en 218, elle est détruite par lui de fond en comble, parce que ses habitants refusèrent de s'enrôler dans ses légions et de le suivre contre Rome.

En l'an 200, elle renaît de ses décombres et c'est aux Gaulois Cénomans qu'elle est redevable de sa double origine.

Le Turin de nos jours a tout à fait l'air de nos villes françaises, il partage du reste cette communauté de ressemblance avec Milan. Mais il n'est pas de cité plus régulièrement percée que le chef-lieu de l'Eridan. Ses rues se coupent à angles droits, c'est un vrai damier. Beaucoup d'entre elles se prolongent en arcades comme la rue de Rivoli et la rappellent autant par sa physionomie que par sa longueur.

A Turin, on s'est décidément trop servi de la ligne droite, et si j'en reparle, c'est que cette uniformité est vraiment désastreuse pour l'œil. Rien d'impromptu. Des voies tirées au cordeau, comme les plates-bandes monotones des jardins potagers de nos grands-pères, s'élevant perpendiculairement et se croisant symétriquement. Aucune saillie, aucun avant-corps, projetant sa façade bizarre, caractéristique. C'est encore la régularité d'un livre de comptes, dont les chiffres sont des maisons qui s'alignent à l'infini sur une démarcation mathématiquement adoptée. Ah ! par exemple les carabiniers ont beau jeu pour filer les voleurs....

Citons au hasard quelques palais et plusieurs places ornées de très-belles statues :

Le palais Birago, aujourd'hui dellà Valle, anciennement occupé par l'ambassade française, et dont les portes se sont refermées après le départ du dernier diplomate : le vicomte Louis de Jonghe (25 août 1863).

Le palais dellà Torre, type modèle du style lombard.

Le palais Carignan, où naquit Victor-Emmanuel II, autrefois Chambre des Députés.

Napoléon Ier habitait le palais Stupinice.

Parmi les places, je rappellerai celles de Victor-Emmanuel, Charles-Albert, Carlina, Saint-Charles avec la statue d'Emmanuel Philibert [1], par Marochetti [2]; del Castello, avec le bronze du soldat sarde de Crimée, dû à Vela, et sur laquelle le palais Madama [3], jadis du Sénat, et celui du roi se font vis-à-vis. Ce dernier a bon effet, l'architecture qui convient à son titre et à l'ampleur d'un grand bâtiment. Du reste Charles-Emmanuel II, qui l'a fait construire, était un personnage éclairé, ami des arts [4].

A l'intérieur, on admire les parquets, chefs-d'œuvre de marqueterie, l'acajou se marie au bois d'ébène et le chêne veiné s'unit au palissandre. Les plafonds sont des merveilles de moulures, d'astragales et de rosaces.

Une très-grande variété de jades de Chine et de potiches japonaises, au fin coloris, complète le décors luxueux de ces appartements royaux.

Deux pavillons forment pendants aux extrémités du palais : l'aile droite est occupée par le duc de Gênes, et l'autre renferme : un médailler, une bibliothèque, remise en possession des rares ma-

[1] Emmanuel-Philibert, duc de Savoie, fils de Charles III, né à Chambéry (1528-1580). Ce fut lui qui, en 1572, rétablit l'ordre de Saint-Maurice, institué en 1434 par Amédée VIII, et le réunit à celui de Saint-Lazare, comme il existe aujourd'hui. — [2] Charles, baron de Marochetti (1805-1867), le même sculpteur qui a fait le tombeau de Napoléon Ier aux Invalides. — [3] Fut habité par la duchesse de Nemours, veuve de Charles-Emmanuel II. — [4] Fils de Victor-Amédée I (1634-1675).

nuscrits de Pirro Ligorio ; enfin, un musée d'armures excessivement intéressant.

On considère avec un mélange de curiosité et de surprise, ces complets harnois du moyen âge, caparaçonnant l'animal tout entier, ou ces solides archers, emprisonnés dans de forts hallecrets, coiffés de simples morions et le fauchard à la main.

Tout autour, c'est un arrangement habile de sollerets, martels, sabres, francisques, rapières, claymores, dagues, miséricordes, espingoles, masses, épieux, piques, framées, qui se superposent, s'enchevêtrent et se perdent sous les étendards, les drapeaux piémontais et autrichiens.

Des cabassets, heaumes, bassinets, bourguignottes, salades et toute la série des casques, juxtaposés à des cètres, hoquetons, animes, à des cottes de mailles, à des corselets richement travaillés, forment trophée et couvrent la paroi des murs [1].

Le milieu de chaque salle est réservé aux preux chevaliers, alignés comme pour la parade au tournoi, sous leur plus bel *arroy,* ou armés en guerre et de toutes pièces : gantelets, brassards, cuirasses damasquinées d'or et d'argent, hausse-cols, casques empanachés, jambards, cuissards d'acier poli, pédieux démesurément pointus ; une voulge ou

[1] Les meilleures cuirasses du XVIIe siècle étaient fabriquées à Milan.

une bourdonnasse crânement appuyée sur la hanche, ou la lance au faucre et l'épée haute, montant de lourds destriers bardés de fer avec chanfrein armorié, un piquant au frontal.

On y voit des cimeterres, des damas, des yatagans de toutes grandeurs, ciselés et niellés ; des armes turques, chinoises, arabes, guillochées et endiamantées.

C'est une quantité incalculable d'engins défensifs, offensifs ou contondants, de tous les règnes et de tous les peuples.

Ne quittons pas cette *armeria* sans parler de l'épée de Napoléon Ier, celle-là qu'il portait à la bataille de Marengo, sous cette même capote bleue, trouée, qui lui servit de linceul sur son lit de parade, à Sainte-Hélène.

Une mèche de ces cheveux, soigneusement enroulée et attachée avec une faveur, est exposée à part, ainsi que l'épée, dans une vitrine spéciale.

De ce pas, nous nous dirigeons maintenant vers le musée Égyptien [1], et naturellement, avec d'autant plus d'enthousiasme que nous savons qu'il est un des plus beaux de l'Europe. On est toujours pressé de jouir lorsque surtout l'esprit est déjà mis en éveil.

[1] Il est situé à deux pas de la place du Château ; on passe devant le palais Carignan, et c'est dans la rue Lagrange.

En entrant, notre premier étonnement est de nous trouver face à face avec un squelette phénoménal, mesurant bien 10 à 12 mètres, de tête en queue.

Le squelette d'une baleine! là où nous n'allions pour voir que les produits exotiques de la terre des Pharaons. Quelle mystification! quelle défaite!

Mais hâtons-nous de dire que la désillusion est vite effacée, en continuant à parcourir les autres salles, qui se suivent et ne se ressemblent pas. Celles-ci sont à la hauteur de leur réputation ; on regarde, on observe une foule de petits ustensiles curieux, on examine de ci de là des raretés incomparables, on passe à la plus complète collection de papyrus, tapissant les murs de haut en bas; on remarque la fameuse table d'Isis, prise par nos troupes victorieuses en 1799, mais restituée depuis longtemps; on sort enfin tout ébahi de ce capharnaüm unique. Mais la meilleure opinion qu'on emporte est assurément celle de ces indigènes, couleur fane, contemporains d'Aménophis ou de Tonthmès III, de Phéron ou de Rhampsinite.

Pas un de ces vétérans, de plus de trois mille ans d'âge, ne tombe en décomposition pulvérulente, comme presque tous leurs congénères. Ces momies paraissent au contraire embaumées de la veille.

Les paupières à demi closes et ombragées par d'épais sourcils, essaient vainement de se soulever à nos exclamations de stupéfaction, les lèvres entr'ouvertes, les langues intactes, semblent prêtes à subir notre interrogatoire, des chevelures abondantes sont les derniers compléments de vitalité laissée à ces têtes archaïques ; rare était la calvitie dans la race hébraïque.

Quelle fut leur vie ? Personne ne le sait. Quelles ont été leurs joies, leurs tourments, leurs faiblesses ou leurs grandeurs, leurs dernières plaintes ? Nul ne nous le dira. Ces yeux sont atones, ces bouches restent muettes.

Malgré cela, on se rapproche involontairement plus près d'elles, on colle le front à la vitrine pour mieux les voir, on voudrait les ranimer, leur insuffler un peu d'air, les questionner, que sais-je !

« De les faire parler ah ! j'ai lu le secret
Dans ma leçon d'hier ; car le bon Dieu sur Eve
Souffla. » L'enfant aussi souffla... mais sur son rêve [1].

Châteaubriand a été sublime, comme du reste dans tout ce qu'il a écrit, en parlant des pyramides de Scarah : « Ce n'est point, a-t-il dit, sur le sentiment de son néant, que l'homme a élevé un tel sépulcre, c'est par l'instinct de son immortalité ; ce sépulcre n'est point la borne qui annonce la fin d'une carrière d'un jour, c'est la borne qui marque l'entrée d'une vie sans terme ; c'est une espèce de

[1] *Les Petites Victimes.* — Comtesse de la Rochefoucauld.

porte éternelle bâtie sur les confins de l'éternité. »

Cette pensée se retrouve au dedans comme au dehors.

Elle se retrouve dans la sollicitude que les anciens mettaient à embaumer les corps et à les emmitoufler de bandelettes préservatrices, du lin le plus fin ; elle se retrouve encore dans la peine extrême qu'ils prenaient à placer soigneusement le tout dans des caisses en bois incorruptible.

N'y a-t-il pas là autant de marques de protestation contre le néant ?

Les descendants de Cham n'ensevelissaient jamais leurs morts, sans les entourer de bibelots qui leur avaient appartenu, d'instruments de profession ou d'agrément, enfin de ces mille riens qu'ils savaient leur avoir été chers durant la vie.

Les Grecs, à leur exemple, mettaient les joujoux préférés dans les tombeaux de leurs enfants. On a découvert des chars de guerre dans les mausolées de lucumons étrusques, et les Romains jetaient sur le bûcher des offrandes, qui se mêlaient aux cendres et qu'on conservait dans le *columbarium*.

Les épées des Gaulois suivaient dans la tombe la main qui les avait tenues frémissantes et les quenouilles des femmes de nos Rois n'étaient point séparées de celles qui les avaient saintement filées.

Ainsi, dans tout l'univers, depuis le Gange et l'Indus jusqu'au delà de la mer Sarmatique, près de la mer Paresseuse [1], on voit les mêmes actes s'accomplir par des peuples de race bien opposée et de civilisation toute différente, se perpétuer de générations en générations et venir inamissibles jusqu'à nous.

Quel est donc ce courant magnétique et invisible qui enchaîne les hommes, les réunit dans une même pensée, pour les rattacher à une même espérance ?

Les Egyptiens poussaient l'idolâtrie jusqu'à compléter ce dernier trousseau d'un ami, d'un parent, d'un père, par du blé, du lotos, des raisins, des figues, dattes, grenades et autres *frutti* que ceux-ci trouveraient à leur réveil ; car il était de croyance, chez eux, que l'âme reviendrait d'elle-même animer le corps, après une séparation indéterminée.

Toutes ces victuailles prises par des mains pieuses et tremblantes d'émotion, religieusement placées à côté d'un être aimé dans les transes de la douleur et au milieu des lamentations, sont aujourd'hui exhibées sur des étagères, en pleine lumière, et exposées aux regards cupides d'un public profane.

Voilà la destinée des hommes et des choses, et c'est bien là un de tes tours, ô cruelle fatalité !

[1] Mer Paresseuse, *mare pigrum* des anciens ; jolie expression pour désigner la Mer du Nord, rendue immobile par les glaces.

Dans les cercueils des femmes, on a fait d'heureuses découvertes de bijoux : bagues, colliers, bracelets, grenades d'or et d'argent, menus objets de toilette et tout ce qu'il fallait pour se peindre :

> Ces yeux dont l'amoureuse flamme
> Jettent le trouble dans notre âme,
> Ces yeux brillants sous le sourcil,
> Ce n'est qu'un crayon — le voici !
>
> Ces lèvres si fraîches, si roses
> Qui disent de si douces choses,
> Ce n'est qu'un bâton de carmin ;
> Ce pot de rouge, c'est le teint !
>
> <div align="right">(<i>L'Etoile.</i>)</div>

Passons maintenant à un cours abrégé d'anatomie.

Suivant Diodore de Sicile, la profession d'embaumeur était une spécialité qui s'apprenait dès l'enfance et qui se pratiquait comme suit :

Le parachyste entaillait le flanc du cadavre, au moyen d'une pierre éthiopienne aiguisée, afin d'en retirer les viscères, qu'on lavait dans du vin de palmier avant de les remettre, ou qu'on dissolvait complétement à l'aide d'un caustique énergique.

Sur la surface du corps, on étendait de la gomme de cèdre, de la myrrhe, du silphium [1], du cinnamome [2] ou autres parfums, et avec une solution saturée de natrum [3], dont on injectait les cavités

---

[1] *Silphium*, le *laserpitium* des anciens, se vendait très-cher. — [2] Espèce de cannelle. — [3] Bicarbonate de soude.

intérieures, on dissolvait la graisse des muqueuses; puis on opérait la dessication, soit à l'air, soit dans une étuve.

Au bout de trente jours, soixante-dix, prétend Hérodote, on rendait les défunts à leurs familles, tels que nous les voyons aujourd'hui, blottis dans leurs châsses en sycomore, oints de vernis et emmaillottés dans des bandelettes, fortement imbibées de liqueurs aromatiques.

Le mercure et l'arsenic sont actuellement mis en usage.

Procédé récemment employé par le professeur Saglione et le commandeur Brunetti, pour l'embaumement du très-regretté roi d'Italie ; son corps fut plongé dans un bain de sublimé corrosif, et on introduisit une très-grande quantité de ce liquide par la carotide.

Pour Sa Sainteté Pie IX : bain de plusieurs heures et injections arsenicales, par les docteurs attachés au Vatican, MM. Ceccarelli et Antonini.

Étrange propriété que le poison. Il vous foudroie pendant la vie, mais vous conserve après la mort.

Est-ce par oubli, me dira-t-on, que vous passez sous silence les églises de Turin ? Non, mais par la meilleure des raisons, c'est que je ne les ai pas visitées.

Après les œuvres eurythmiques architecturales de Florence, de Rome, de Venise, de Milan, et les richesses en mosaïques, fresques, or, argent, marbres précieux qu'elles étalent toutes, que reste-t-il à voir ? car il y a là de quoi satisfaire les plus exigeants. On est certainement blasé, et le génie humain n'a rien enfanté d'aussi grand et d'aussi merveilleux sous les modèles les plus divers.

Une des plus belles et des plus nobles missions chrétiennes qu'on se soit imposées sur cette terre, est sans contredit celle du Révérend D. Bosco, fondateur de la congrégation de Saint-François de Sales.

Le brave abbé a commencé en 1841, dans une salle attenante à l'église de Saint-François d'Assise, par un simple cours de catéchisme fait chaque jour de fête à quelques enfants abandonnés. Le premier recueilli en a amené un autre, un troisième, puis un quatrième, et ainsi de suite jusqu'à huit cents pensionnaires que compte présentement la crèche.

A mesure que l'établissement prospérait, une nécessité plus impérieuse d'agrandissement se faisait sentir davantage, et, dès 1845, le Révérend Bosco choisissait *in Valdono,* lieu suburbain et solitaire, l'emplacement qui convenait à son oratoire.

Le but principal de l'hospice a donc été de fournir un refuge aux enfants pauvres, dont la vie se réduit à traîner leurs loques sur le pavé, à demander l'aumône à tout passant et à s'entretenir dans la pratique continuelle de ces vils expédients.

Par négligence ou par dénûment, par vice ou par paresse, souvent par calcul, les parents les laissent mener cette existence infamante, en les y encourageant même et en les y obligeant parfois.

> Un enfant tient trop de place à la maison,
> C'est dans la rue qu'on le sème et qu'il pousse [1].

Manquant de conseils salutaires et privés complétement de soins, ne trouvant autour d'eux qu'exemples malsains, misère affreuse, végétant dans le ruisseau et dans la boue, ils se fortifient inconsciemment aux plus immondes dépravations, et ils deviennent de petits misérables, des chenapans, avec le bagne ou l'échafaud au bout, comme apothéose de leur digne odyssée.

Au lieu de cela, ces bons pères les arrêtent à temps sur la pente fatale où ils sont poussés malgré eux et invinciblement entraînés par la contagion ; ils leur ouvrent leurs portes toutes grandes... Le seuil franchi, le plus grand pas est déjà fait pour ces jeunes intelligences.

[1] Parodie de l'*Assommoir*.

Désormais, elles n'auront plus sous les yeux les mauvais entraînements de ce centre funeste, ni cette pauvreté qui a perdu tout fond d'honnêteté, ni cette saleté écœurante du bouge où le père ivre entre en trébuchant, pour prendre sa part à un repas dont il a bu le prix.

La femme, épouse vertueuse et mère prévoyante, a dû gagner la première bouchée.

Tout d'abord, on leur apprend à reconnaître le bien d'avec le mal et à éviter le dernier.

La nature de ces petits êtres s'offre alors plus propice, comme un terrain bien préparé pour la semence, à profiter de l'éducation fondamentale, morale et religieuse, qui leur est donnée. L'instruction primaire et manuelle complète cette tâche aride et difficile.

On les arrache ainsi à l'ignorance éternelle à laquelle ils semblaient voués, dès le bas âge, par leurs père et mère insoucieux. On leur inculque des idées d'exactitude, d'ordre et de travail, ils se livrent à un métier quelconque, subordonné à leurs tendances spéciales, à leurs capacités individuelles. Sous cette tutelle paternelle, ils grandissent à l'abri du besoin et dans les plus généreux sentiments de soumission, de droiture et de conduite. On les a pris faibles, chétifs, ignorants, paresseux, pervers ; ils deviennent vigoureux par des exercices corporels, actifs et laborieux par l'habitude.

On les rend à la société, hommes faits, intelligents, probes, utiles à leur patrie et capables de rendre service à leurs semblables.

Cette institution, primitivement localisée dans Turin, vient de prendre un nouvel essor en Italie : auprès de Gênes, à Sampierdarenà, où il s'en est fondé de semblables, ainsi que sur tout le littoral jusqu'à la Spezià, dans les États-Romains, et en France : à Nice, Cannes, Saint-Cyr (Toulon).

Portée sur l'aile de la Providence, elle a dépassé les mers pour se fixer en Amérique et se développer dans les républiques Argentine et de l'Uruguay, où on en compte cinq.

Telle est l'œuvre admirable, près de laquelle je n'ai pas voulu passer indifférent, sans relater sommairement les bienfaits inappréciables qu'elle va versant sans bruit, de par le monde, Ancien et Nouveau.

A 7 kilomètres au levant de la capitale du Piémont, se dresse la colline ardue de la *Supergà*, qu'on gravit généralement à dos d'âne.

Un couvent s'élève sur le sommet, contigu à l'église bâtie par Victor-Amédée II, en souvenir de la levée du siège de Turin par les Français, 1706.

C'est là, la nécropole des princes de la maison de Savoie et des rois de Sardaigne. Le dernier caveau qu'on a descellé, s'est ouvert pour recevoir la dépouille mortelle de l'infortunée duchesse d'Aoste, ex-reine d'Espagne.

On oublie facilement et les difficultés de l'ascension et les rébellions obstinées de sa monture, lorsqu'arrivé au point culminant de ce belvédère agreste, on découvre inopinément : la ville, massée à gauche avec sa configuration rectiligne, les verts gazons qui l'environnent et le Pô, aux reflets d'ambre, glissant comme une couleuvre sur cette plaine de beryl, entre des rideaux de peupliers qui dessinent son cours capricieux à perte de vue.

Comme la cité qu'il arrose, le Pô a hérité de diverses dénominations : *Bodincus*, *Eridanus*, *Padus*.

Je ne sais d'où lui vient le premier, le second est mythologique et le dernier est latin.

Il fut appelé Eridan, d'un des noms que portait Phaëton, qui, ayant mal dirigé le char du Soleil, dont il avait eu un jour la témérité de prendre les rênes, embrasa la terre et fut, pour cette maladresse coupable, précipité dans le fleuve par Jupiter.

> *Intonat, et dextra libratum fulmen ab aure*
> *Misit in aurigam*............................
> ....
> *Quem procul a patria*........................
> *Excipit Eridanus* [1].........................

Ses trois sœurs, les Héliades, ayant eu le tort de

---

[1] Liv. II des *Métamorphoses* d'Ovide, du vers 311 au vers 324.

s'apitoyer sur son malheureux sort, furent changées en arbres, le long de la rive.

Dumque ea mirantur, complectitur inguina cortex,
Perque gradus uterum, pectusque, humerosque, manusque
Ambit [1]...

Hérodote conteste l'existence de ce fleuve. Je n'admets pas, dit-il, un fleuve qui se jette dans la mer, nommée par les barbares, Eridan, car ce nom est grec et non barbare, et de plus, je n'ai jamais pu trouver personne, malgré mes recherches, qui ait vu une mer de ce côté.

Un cirque de montagnes, sur lequel s'érigent les aiguilles ténues du Mont-Rosa et du grand Saint-Bernard, s'édifient les pics altiers des : Mont-Blanc, Mont-Cenis, Mont-Thabor, Mont-Viso, rehausse l'aspect réjouissant de l'ancienne Cispadane et l'enclave presque de toutes parts.

Au couchant, les Alpes Cottiennes s'écachent à souhait pour le plaisir des yeux. Par le col du Mont-Genèvre, on entrevoit une portion de la France, ce mot ethnique dont le seul nom éveille tant d'ineffables souvenirs; par là, dis-je, c'est le Dauphiné, Briançon dans la vallée de la Durance.

[1] Liv. II des *Métamorphoses* d'Ovide, du vers 353 au vers 355.

CHAPITRE XI

CHAPITRE XI

RETOUR EN FRANCE

Nous voilà rendus au terme de notre voyage.

A cette dernière étape, un sentiment général de joie sincère se mêle à de véritables regrets, en pensant à Italie qu'on va laisser derrière soi, à ce sol hospitalier si prodigue de ses biens, qui pendant plus d'un grand mois vous a comblé de faveurs et tenu sous le charme d'un renouveau perpétuel.

Ainsi, sur le point de nous éloigner d'elle, peut-être pour toujours, la pensée s'assombrit, le cœur se gonfle, comme à la veille de quitter des intimes dont la sympathie est constante, la séparation pénible; mais, où nous allons... on nous attend. Les nôtres sont là-bas, bien loin, une lettre en mains qui leur annonce notre très-prochaine arrivée. Déjà, ils supputent le peu d'heures qui leur reste avant de nous revoir, ils escomptent le bonheur qu'ils auront à nous serrer dans leurs bras.

Bon gré mal gré, il faut donc partir, laisser la patrie d'adoption pour la mère patrie.

Trois heures après notre départ de la ville au vermouth amer et aux bons gants de chamois, en coupant de l'est à l'ouest la vallée de la Dora Riparia, nous atteignions, par une rampe abrupte, la station élevée de Bardonnèche pour perforer la masse imposante du Mont-Cenis [1].

La voie ferrée sinue comme une veine sur cet enchaînement de monts, s'escarpe sur les apophyses, se cramponne aux flancs et se trouve par instants, en égarée imprudente, suspendue au dessus des abîmes.

De chaque côté, les versants recouverts, jusqu'à la base, de pins, de mélèzes et d'épicéas, disparais-

---

[1] Bardonnèche est à 1,269 mètres au dessus du niveau de la mer. Le nom de Mont-Cenis vient de *Mons Cinerum*, montagne de cendres, parce que les forêts qui les couvraient furent brûlées; en défrichant, on a trouvé de grosses racines.

sent avec leurs revêtements sous leur fourrure de neige. D'immenses glaciers couronnent ces crêtes sourcilleuses.

En bas, des torrents profonds roulent leurs eaux mugissantes sur un lit de cailloux ; des blocs erratiques leur font la haie dans cette course vagabonde.

Ajoutez à ce spectacle grandiose, à cette beauté sombre, de pittoresques cabanes, isolées, tapies sur les coteaux, et des chalets suisses qui paraissent écrasés sous le poids de lourdes toitures de loses.

A de rares intervalles, les quelques villages où l'on s'arrête, oisivement confinés sur leurs assises immaculées, font tristement rêver à la vie de langueur que mènent ces populations, pendant les six longs mois d'hiver, et par contre, au travail opiniâtre qu'elles sont obligées de soutenir, à leur réveil, durant l'autre moitié de l'année, pour vaincre cette nature rebelle et arracher de son sein, au prix de mille efforts, les ressources les plus indispensables à l'existence.

Çà et là, sur un fond dégradé du sol ou dans une partie abritée, que dominent des saillies rugueuses, apparaissent des troupeaux transhumants sous la garde d'un pâtre; des chèvres tondent une herbe rase et des bouquetins bondissants animent ce paysage nivéal.

Quand par malheur, la *lombarde* et la *vanoise*

viennent à souffler ensemble, se disputant à la fois la priorité de passer, une tempête est inévitable et des malheurs sont à craindre, car la tourmente, qui naît de cette rencontre impétueuse, engloutit sans merci bêtes et gens dans sa rage implacable.

Nous avons franchi l'ancien pays des Ségusiens, renfermant de belles carrières de marbre vert. Suse, que nous apercevons, était leur capitale, sous le règne de *Cottius* (Ier siècle de J.-C.), et c'est à partir de cette époque que les Alpes Taurines devinrent les Alpes *Cottiennes*.

On ne tarde pas à abandonner le territoire des *Bellaches* (Bardonnèche) pour s'enfouir dans le col de Fréjus, intercurrent entre les Alpes Grées et les Alpes Cottiennes, occupées autrefois par les tribus des *Gratocèles*.

A un demi-kilomètre de Bardonnèche, s'ouvre le rictus du tunnel [1], béant comme le gueulard d'un haut-fourneau, flanqué de pilastres comme la porte d'une citadelle.

Avant d'entrer dans ce gouffre effrayant, nous nous mettons prudemment sous la protection de *Marunus,* dieu tutélaire des voyageurs dans les Alpes; cette précaution est inoffensive....

---

[1] Le tunnel va du N. au S., il est à double voie, sa hauteur est de 6 mètres, sa largeur de 8 mètres. Longueur totale : 12.849 mètres.

Pendant vingt-cinq minutes, on serpente au centre de la terre, on *vermicule*, dirais-je même si j'osais, dans ses entrailles, avec 1,600 mètres de rochers sur les épaules, prêts à fondre sur vous [1].

Malgré cet amoncellement accumulé sur la tête, la sécurité est parfaite, et toute crainte d'être enterré vivant est d'avance entièrement bannie.

La température y est douce, aucune odeur méphitique ne gêne la respiration ; du reste l'atmosphère est sans cesse renouvelée par le passage continuel des trains.

Une trentaine de lanternes projettent leur lumière sourde dans ce noir souterrain. Les wagons sont éclairés au gaz et réunis tous entre eux par un tuyau de caoutchouc, qui les met en communication directe avec la dernière voiture, le récipient distributeur.

Le promoteur de cette conception hardie est un simple Italien de la bourgade de Bardonnèche : M. Joseph Médail, qui, frappé du peu d'épaisseur de la chaîne des Alpes en cet endroit, conçut le

---

[1] Les diverses couches de terre rencontrées, ont été : le schiste, pendant les trois quarts de la longueur, le calcaire, le quartzite (très-difficile à percer) et l'antraxifère. Le quartzite a longtemps retardé les travaux du côté de Modane. Pour le percement actuel du Saint-Gothard, on rencontre les mêmes difficultés, du côté septentrional, à Gœschenen : serpentine très-dure ; et de l'autre côté, en Italie, à Airolo : gneiss tendre.

vaste plan, dès 1832, de réunir les deux races latines par une huitième merveille du monde.

La mort vint l'enlever avant d'avoir vu son projet favorablement accueilli par les puissances intéressées.

Un ingénieur belge, M. Maus, s'en occupa en 1845 ; mais les années funestes de 1848-49 vinrent paralyser toute tentative. On chargea ensuite M. Ranco.

Il appartenait aux ingénieurs Grandis, Severino, Grattoni et Germain Sommeiller surtout, de laisser leurs noms attachés à cette grande entreprise; car une loi fut enfin décrétée par le roi de Sardaigne, le 15 août 1857, et les travaux commencèrent à la fin du même mois.

Trois années après, on introduisait les premières machines perforatrices. Voici quel était leur *modus operandi :*

La machine se mouvait sur deux rails et allait frapper de front la cloison rocheuse, en lui faisant quatre-vingts trous à chaque attaque; ensuite elle battait en retraite pour céder la place aux mineurs, qui se retiraient plus tard à leur tour, afin de permettre aux ouvriers de déblayer, d'élargir et d'étayer. On maçonnait au fur et à mesure de la progression de l'ouvrage [1].

---

[1] De 1.500 à 2.000 ouvriers y travaillèrent jour et nuit, à chaque embouchure.

Chaque perforateur opérait « un mouvement de percussion en avant et de rotation sur lui-même » pour imiter la manœuvre d'une vrille.

L'air comprimé qui faisait fonctionner ladite machine, dispersait au besoin la fumée produite par l'explosion de la mine et servait à changer l'air vicié par les exhalaisons internes de la terre, il n'y avait qu'un robinet à tourner.

La somme dépensée pour le percement des Alpes s'est élevée à plus de 75 millions de francs.

Par décret du 8 juin 1862, la France contractait l'engagement de payer au gouvernement italien 19 millions en vingt-cinq années; mais elle lui allouait une prime de 500.000 francs, par chaque année gagnée sur cette période de cinq lustres.

Ce travail gigantesque, entrepris à bras d'hommes en 1857, continué par les machines [1] en 1861, fut complétement terminé le 26 décembre 1870.

Date mémorable, qui fit grand bruit de ce côté des Alpes, mais dont l'écho ne nous apporta point la nouvelle, bien qu'il n'y eût à ce moment-là aucuns faits importants; plusieurs engagements partiels autour de Paris, quelques escarmouches aux environs du Havre, à Bolbec, où on avait brûlé un peu de poudre, et Nogent-le-Rotrou, qu'un corps de 80.000 Prussiens n'avait fait que traverser.

[1] Les machines enlevèrent une longueur de 10.587 mètres.

Mais chaque jour une écrasante torpeur s'appesantissait davantage sur la France, et on avait encore tout à craindre.

L'inauguration du Mont-Cenis, qui rapprochait à jamais deux peuples unis sur les champs de bataille et resserrait plus étroitement entre eux les doux liens de confraternité, fut faite solennellement le 17 septembre 1871, huit mois après la fin de cette terrible leçon.

On entre par une forteresse, on sort par un arc de triomphe. Au débouché de ce terrier de Titans, nous nous trouvons à Modane [1], aux prises avec l'inflexible administration des douanes françaises. On doit, un à un, exhiber son passe-port et quiconque n'a pas des pièces bien et dûment en règle, est gardé à vue jusqu'à nouvel ordre ou forcé de retourner d'où il vient.

De plus, il faut rester témoin, et sans mot dire, de l'affreux bouleversement jeté dans le contenu de sa malle, par des mains peu soucieuses du bon ordre qui y règne, et qu'il a tant coûté à mettre !

Ne pourrait-on pas faire choix, pour ce genre de

---

[1] Modane est distante de Bardonnèche de 19 kilomètres, et située dans l'ancien pays des *Médules,* riche en mines de plomb argentifère. Modane est à 1,057 mètres au dessus du niveau de la mer.

fouilles pratiquées dans le domaine privé, d'employés reconnus gens ordonnés et soigneux ?

Livré aux économistes.

Par compensation, un excellent buffet va nous dédommager de ces petites tracasseries, insignifiantes en elles-mêmes, mais vexatoires dans leur application.

....

Durant quatre heures, nous parcourons la nature la plus sauvage. Malheureusement, une pluie fine et pressée cache à nos yeux les horizons âpres qui nous entourent, et c'est ainsi que nous roulons dans la vallée de l'Arc, sans voir : Saint-Jean de Maurienne, pays de crétins et de goîtreux, Chambéry (*Camberium*), Aix-les-Bains (*Aquæ Gratianæ*), déjà célèbre sous les Romains pour ses eaux thermales.

Par une pente allongée, nous descendons en pleine Savoie (*Sapaudia*), l'ancien territoire des *Allobroges;* plus haut, étaient les *Nantuates,* plus bas, les *Voconces*.

Nous contournons les bords accidentés du magnifique lac du Bourget, le plus grand de France, que Lamartine a éternisé dans ses impérissables *Méditations*. Après ce chantre fameux, je m'abstiendrai de toute description et chacun comprendra ma réserve.

A Culoz, nous laissons la bifurcation pour l'Helvétie. Genève n'est qu'à deux heures de là.

Douze heures après avoir dit adieu aux Turinais, nous entrions en gare de Lyon-Perrache.

De nouveaux jours se préparent pour nous. Si l'heure rapide des plaisirs multiples et des sensations incessantes s'est déjà envolée, l'ère rayonnante des souvenirs et des rêves s'élève comme une aurore pleine de promesses. Les tiendra-t-elle? Vaudront-elles leurs aînés?

ERRATA

Page 10, ligne 5, lire : beau-frère et non gendre.

Page 79, ligne 20, lire : Mamertine, au lieu de Mamertime.

Page 81, ligne 15 : Saint Pierre et non saint Paul. Ses co-détenus étaient saint Processe et saint Martinien.

Note de la page 120. Cette note se rapporte plutôt à une statue de saint Pierre qui se trouve dans les catacombes de la Basilique.

Page 240, ligne 11, lire : de Michel Carré et Jules Barbier, au lieu d'Eugène Scribe.

TABLE

PRÉFACE, par H. Nadault de Buffon.................... v

CHAPITRE I

DE PARIS A MONACO............................... 3

CHAPITRE II

LA CORNICHE. VINTIMILLE ET LA RIVIÈRE DU PONENT. — GÊNES ; ses rues, son port, ses palais et ses églises. — Le cimetière de Stagliéno. — La villa Pallavicini......... 17

CHAPITRE III

BOLOGNE ; la place Majeure, la fontaine de Neptune, les tours d'Asinelli et de Garisendi, la Montagnola. — La Certosà. — LA ROUTE DES APENNINS......................... 31

CHAPITRE IV

FLORENCE ; premières impressions ; la Piazzà dellà Signorià, Palazzo Vecchio, Loggià dei Lanzi, les Uffizi. Le Musée égyptien. La Cathédrale et la place du Dôme, le Baptistère, la chapelle des Médicis. Santa-Croce (Panthéon florentin), la maison de Michel-Ange. Les Palais ; palais Pitti. San-Miniato. Origine de Florence, le ponte Vecchio et les quais de l'Arno, les Cascine, théâtres. — LES MARCHES 39

CHAPITRE V

ROME. La Minerve. Le Panthéon. Les colonnes Antonine et Trajane. Le Tibre. Le château Saint-Ange. Le Corso. Le Capitole et la roche Tarpéienne. Le Forum et la prison Mamertine. Le Palatin et le palais des Césars. La voie Sacrée et la voie Triomphale. Le Velabre. L'Aventin. Les Catacombes. La voie Appienne et les tombeaux. Les Thermes. Le Colisée. Les portes de Rome. Palais particuliers. Le Quirinal. La fontaine de Trevi et celles de la place Navone. La Befana. Pasquin. Les églises et les basiliques, Saint-Paul, Saint-Pierre. Le Vatican. Une audience au Vatican. — DE ROME A NAPLES 67

CHAPITRE VI

NAPLES. La Chiaja. Sainte-Lucie. Le Corricolo. Lazzaroni. San-Carlo. Musée National. Panorama de Naples. Grotte de Pausilippe et tombeau de Virgile. Les Champs Phlégréens. — POMPÉI ET LE VÉSUVE.. 135

CHAPITRE VII

LA MAREMME DE TOSCANE. PISE. La Tour Penchée. La Cathédrale. Le Baptistère. Le Campo Santo. Mort de Mazzini. Origine des Bonaparte. — L'ARMÉE DE TERRE ET DE MER 185

CHAPITRE VIII

L'arrivée à VENISE. Ses gondoles. Le Grand Canal et ses Palais. Santa Maria della Salute et l'église dei Frari. La Place et la Tour Saint-Marc. Le Palais des Doges. Son gouvernement depuis le VII° siècle jusqu'au XIX° siècle. La Basilique. L'Arsenal. Le Jardin des Esclavons. — Le Lido............... 201

CHAPITRE IX

Lombardie-Vénétie. MILAN. Le Dôme. Saint-Charles Borromée. Palais-Royal. Galerie Victor-Emmanuel. Arc de triomphe du Simplon. Amphithéâtre de l'Arena. La Scala. — Le Lac Majeur. 237

CHAPITRE X

Le Piémont et la Haute-Italie. TURIN. Palais Royal. Musée d'armures. Les momies égyptiennes. Oratoire Saint-François de Sales. — La Superga............................. 261

CHAPITRE XI

RETOUR EN FRANCE 285

www.ingramcontent.com/pod-product-compliance
Lightning Source LLC
Chambersburg PA
CBHW071335150426
43191CB00007B/741